华石斋

书系题字 | 吴寿良
广东省书画家协会副主席
广东书画研究会副会长

HUAWEI

以客户为中心,以奋斗者为本,长期坚持艰苦奋斗。这就是华为超越竞争对手的全部秘密,这就是华为由胜利走向更大胜利的"三个根本保障"。

——任正非

华为 商业哲学书系 ①

程东升 徐晓良 段传敏 | 联合主编

HUAWEI
BUSINESS PHILOSOPHY

祝朝晖 ◎ 著

认知赋能

任正非经营哲学

中国经济出版社
CHINA ECONOMIC PUBLISHING HOUSE

北 京

图书在版编目（CIP）数据

认知赋能 / 祝朝晖著. —— 北京：中国经济出版社，2024.1

（商业哲学书系）

ISBN 978-7-5136-7518-5

Ⅰ.①认… Ⅱ.①祝… Ⅲ.①企业管理-经验-中国 Ⅳ.① F279.23

中国国家版本馆 CIP 数据核字（2023）第 193999 号

策划编辑		崔姜薇
责任编辑		王骏雄
责任印制		马小宾
封面设计		久品轩
本书插画		王晓晴　关振旋

出版发行		中国经济出版社
印 刷 者		北京富泰印刷有限责任公司
经 销 者		各地新华书店
开　　本		710mm×1000mm　1/16
插页印张		1.25
印　　张		16
字　　数		182 千字
版　　次		2024 年 1 月第 1 版
印　　次		2024 年 1 月第 1 次
定　　价		78.00 元

广告经营许可证　京西工商广字第 8179 号

中国经济出版社　网址 www.economyph.com　社址 北京市东城区安定门外大街 58 号　邮编 100011
本版图书如存在印装质量问题，请与本社销售中心联系调换（联系电话：010-57512564）

版权所有　盗版必究（举报电话：010-57512600）
国家版权局反盗版举报中心（举报电话：12390）　服务热线：010-57512564

华为"商业哲学书系"主编简介

程东升

知名财经作家，华为研究专家，广州市博研慈善促进会理事，法国克莱蒙商学院工商管理博士（在读），已出版《华为真相》《华为三十年》《任正非管理日志》等多部畅销书。多家大型企业战略与品牌顾问，曾协助多家企业打造"奋斗者团队"。

徐晓良

博研教育创始人、董事长，博研商学院院长，全球博研同学会理事长，广东省工商联执委，广东省山东青岛商会会长，中国科学院科创型企业家培育计划发起人，国家文化科技创新服务联盟主任。曾任中山大学 EMBA 中心主任。

段传敏

战略营销观察家，财经作家，高端中国营销创新联盟执行主席。CCTV《大国品牌》栏目顾问，喜临门、华耐家居等企业战略营销顾问。

各界知名人士盛赞推荐

知名学者

郑晓明
清华大学经济管理学院领导力与组织管理系长聘教授（终身正教授）、博士生导师，中国工商管理案例中心主任

祝贺东升及团队策划、编写的华为"商业哲学书系"出版！相信这套书对中国企业界意义重大。

理查德·索帕诺（Richard Soparnot）
法国克莱蒙商学院校长

作为一名战略管理学教授，我在遥远的法国早已听说来自中国的华为公司及其创始人任正非先生。以华为公司为代表的中国公司已经崛起，并正在影响着世界产业格局。
这套书将给我在法国乃至世界研究包括华为在内的企业的战略管理提供重要资料。

周建波
北京大学经济学院经济史系主任、教授

华为商业哲学及其成功实践是广大中国企业家学习的绝佳内容，相信本书系会对中国企业家具有一定的借鉴价值。

刘善仕
华南理工大学工商学院教授，广东省人才开发与管理研究会会长

商业哲学需要平衡商业组织的终极目标：商业利益与社会责任。"利"可以让企业走得快，"义"可以让企业走得远，华为在平衡"利"和"义"的过程中，走出了一条有中国特色的道路。

杨思卓
联合国可持续发展贡献奖获得者、中商国际管理研究院院长，博士生导师

商海航行，需要商业哲学的灯塔。
我与任正非先生只有一次当面谈话，一直对他钦佩有加。他的管理思想、领导艺术和商业哲学都是值得总结和提炼的金矿。华为"商业哲学书系"的出版，是做了一件有难度，更有价值的好事，可以说，弥补了中国当代商业哲学的空白。

邹广文
清华大学教授，中国辩证唯物主义研究会副会长

本书系系统梳理了中国优秀企业家任正非的商业管理思想，对于提升中国企业对世界的影响力、生动展示当代中国改革开放的巨大成就，必将起到积极的作用。

苏德超
武汉大学哲学系教授

华为是一家让人肃然起敬的企业，任正非是一位让人肃然起敬的企业家。华为哲学倡导的核心价值观——服务客户、相信奋斗、着眼长远、自我批判，不但是成功的企业经营之道，稍加变通，也是成熟的为人处世之道。学习华为是时代的期许，开卷有益是读者的期望。

晋琳琳
广东工业大学管理学院

相信本书系是打开任正非所领导的华为成功之道的一把金钥匙。

任巍
广东财经大学教授，工商管理学院前院长，人力资源学院前执行院长

华为"商业哲学书系"的出版，是一项具有创新性的工作。华为具有非常多值得学习和研究的地方，用几个词概括就是：自主创新、艰苦奋斗；责任担当，不惧挑战；不忘初心，雄才大略。

知名企业家

范厚华
深圳传世智慧科技有限公司创始人、总裁，华为前海外区域副总裁

我在华为任职 17 年，从一线销售人员到代表处代表，到海外区域副总裁，见证了华为的迅速崛起及其取得的辉煌成就。很多专业人士试图探究华为成功的原因，我认为本源就在于任正非先生的管理哲学思想。相信读者在华为"商业哲学书系"的加持下，一定能在企业治理之路上突破认知、扩大格局，带领企业走向巅峰。

田和喜
广州道成咨询集团创始人，阿米巴经营本土化奠基人、权威专家

华为"商业哲学书系"是东升兄及其团队研究华为 20 余年的心血之作，大家先读厚，再读薄，结合自身商业实战，回归原点，定能取到真经；相信华为商业哲学，定能助力更多优秀中国企业走向世界。

殷祖碧
铸源集团营销副总裁、有趣世界龙焱系统创始人、湖北军昊文旅发展集团董事长

程老师及其团队耗时四年多创作的这套书，系统总结了华为的底层逻辑、价值观和方法论。在我看来，这是学习华为的非常好、非常系统的工具。华为商业哲学具有一定的普适性，可以为很多中国企业学习。

盛华强
中国户外知名品牌探路者创始人

对于任正非的研究不应当停留在企业管理层面，而应当看到支撑他成就世界级卓越企业背后的宏阔世界观、基于人类整体的价值观，以及对人性深刻洞察的哲学。

今天，在全球经济放缓的背景之下，全方位挖掘、理解华为商业哲学，对个人和中国社会的发展都具有非常重要的现实意义。

吴振山
创信国际控股集团公司董事会主席

这套书不仅有助于读者解读华为的成功密码，而且可以帮助以华为为标杆的企业进行更精确的对标。

任旭阳
真知资本（Verity Ventures）创始人、董事长，百度公司首席顾问

长期成功的企业都有一套独特的商业哲学。作为具有全球影响力的中国公司，华为的成功源于创始人任正非卓尔不凡的商业思想和经营哲学，以及对其的长期实践、坚持和不断进化，这构成了独特的华为文化和管理模式。研究、总结和学习华为商业哲学对中国企业界和管理学界都具有非常重要的意义。

姚吉庆
慕思健康睡眠股份有限公司副董事长、总裁

本书系的研究方法很独特，用了时下流行的萃取技术；研究角度也很独特，回答了企业界比较关注的问题：学华为应该学什么？华为的成功能不能复制？如何复制？华为成功的本质是任正非的经营哲学及华为的组织能力建设。本书所萃取的哲学思想、观点和方法论对中国企业有重要的借鉴价值和指导意义。

许临峰
首任华为终端2C营销变革项目负责人、区域首席营销官，华珞咨询创始人&CEO

2022年8月24日，任正非在华为心声社区发布了一篇文章，强调活下来将作为公司的主要纲领，华为进入新一轮冬天。为什么会有这样的判断和思考？从东升及其同事策划、主编的这套书中可以学习任正非的世界观和方法论。

楼仲平
双童创业共享平台创始人，《鸡毛飞上天》原型人物之一，全球吸管行业冠军

在我30年制造业经营实践中，华为在管理上对我的影响几乎是天花板般的存在，任正非的胸怀与格局，以及华为哲学所倡导的奋斗者精神、认识自我的观念、向死而生的危机观、科学管理和绩效、用人哲学、分钱和分权的智慧等，都持续影响我将学习成果转化成行动力量，推动我经营的"双童"企业穿越一个个经济周期，从而保持快速成长。

赖建雄
流行美时尚商业机构创始人

华为"商业哲学书系"全面总结梳理了任正非在华为成长和发展过程中的思考、经验和智慧，内容涵盖任正非先生在华为企业管理、战略规划、团队建设等方面的底层逻辑。无论是想了解华为成功的秘诀，还是希望锤炼自己的商业领袖能力，都可以从这套书获益良多。

李志林
简一集团董事长

基业长青是每一位企业家的梦想，企业的长盛不衰源于企业家思想和企业文化。华为"商业哲学书系"全面系统地梳理了任正非的世界观、战略观、管理观、学习观，并从商业的底层逻辑详细解析了任正非的商业哲学、领导哲学，使读者从更高的层面理解商业的本质。

朱岩梅
华大基因集团执行副总裁

如任正非所言，"华为的核心优势，不是技术、资金和人才，而是对技术、资金和人才的管理。"学习华为是中国管理者的必修课。华为30多年的发展历程覆盖了MBA课程的所有模块，读者如能钻深学透、活学活用这套书的管理理念和经营哲学，就会是个货真价实、接地气的MBA。

王兵
索菲亚家居集团总裁

华为是一家了不起的企业，华为的任总更是当代杰出的企业家代表。

任总的商业哲学指引着华为披荆斩棘，一路生花。对于处于创业阶段、上升阶段的企业管理者，以及正在力挽狂澜的企业管理者、经营者来说，任总的商业哲学是弥足珍贵的财富，具有非常强的学习和借鉴意义。

吴铭斌
连续创业者、终身学习者，美誉集团联合创始人，广东满纷信息科技有限公司总经理

美誉集团距离华为松山湖基地不算很远，我们一直在学习华为。但我们对华为的了解非常有限，对任正非的经营管理智慧、商业哲学了解得更少。华为"商业哲学书系"对我们学习华为和任正非的商业哲学非常有意义，我们将向更多客户推荐这套书及相应课程。

秦烜
广州从都国际庄园高尔夫球汇总经理

华为"商业哲学书系"对提升企业家和管理者的认知，悟透商业逻辑和经营管理中的道，可以起到积极的引路和启明作用，极力推荐。

谢振东
广州市公共交通集团有限公司大数据总监，广州羊城通有限公司董事长

企业是一个活体，它有灵魂、有思想、有精神，需要激励、运营、创新、营销等机制持续激发活力，如何激发呢？这套书给了攻略，学习任正非，复刻华为，创立下一个领军企业。

周晓曦
北京今圣梅家具制造有限公司董事长，北京蜂虎文化艺术有限公司董事长，中国女企业家协会副会长

期待华为"商业哲学书系"尽快与创业者、企业家见面，传经送宝，点石成金。期盼有更多像华为一样优秀的企业如雨后春笋般傲然屹立在世界东方的沃土上，为中华民族的伟大复兴贡献更大的力量。

施少斌
贝英资本创始人，王老吉原掌门人，珠江钢琴集团原董事长

对当代中国企业界的人来说，华为公司和创始人任正非先生都是学习的标杆。
华为"商业哲学书系"是很好的学习华为的工具，建议企业家细读细品，学以致用，做大自己的事业，成就任正非式的人生篇章。

知名教育家

张益铭
胜者教育董事长，中国素质教育专家，"胜者163教育模型"创立者

中国企业家是一个比较喜欢学习的群体，这是中国经济在改革开放以来异军崛起、取得杰出成就的重要原因。作为当代中国最优秀的企业之一，华为的成功与任正非的商业哲学直接相关。我相信，华为"商业哲学书系"会成为中国企业家未来若干年非常喜欢学习的著作。

李发海
益策教育创始人

"训战"是华为大学的一个显著标签，像打仗一样训练、像训练一样打仗。实施教育不是目的，而是为经营服务的战略手段，是锻造组织能力的重要抓手，华为大学案例对企业界有较大的借鉴意义。

柯银斌
察哈尔学会学术委员会副主任、高级研究员

中国企业之前多学习美国、日本企业的管理模式和企业文化，华为崛起后，已成为中国企业学习的标杆。华为"商业哲学书系"对任正非的商业哲学进行了全面梳理、总结，是学习华为很好的工具。点赞东升兄及其优秀的团队！

知名媒体人

王牧笛
中国知名媒体人，广东卫视《财经郎眼》制片人、主持人，功夫财经创始人兼 CEO

华为的价值观、方法论、战略、创新、股权、产品、管理、营销、数字化，成了一个又一个商业样板和示范，而这一切都归因于商业哲学。
本书系对中国企业的成长、转型和进化是镜鉴，亦是弥足珍贵的思想财富。

邱恒明
财经作家，财经书评人

程东升研究华为及华为创始人任正非二十余年，他带领的团队创造性地总结并提炼出任正非"商业哲学体系"，是中国商业创作领域的里程碑事件，为现代东方管理智慧划定了一条标尺，必将引起关注和讨论。

张凤安
艾利艾智库董事、总经理

程东升是华为研究知名专家，他与团队跟踪华为二十多年，此番特别推出华为"商业哲学书系"，给所有试图解读华为、学习华为的企业家、学者提供了迄今最完整、全面的"华为真相"。华为的精神谱系是一部中国企业史、中国企业家精神史和中国企业家心灵史。

姚军
中流会"向华为学习俱乐部"创始人

相信研究华为多年的东升兄主编的这套书会为人们认识华为提供一个全面且有独特价值的视角。

封底美术作品作者

王晓晴,中国美术家协会会员,中国工笔画协会会员,中国古琴协会会员,广东省美术家协会会员。

封面肖像画作者

关振旋,广东佛山人,生于1940年,毕业于佛山艺专油画专业,善画人物,曾创作多本连环画,晚年以肖像画及情景速写闻名,将几万张手稿捐赠给家乡美术馆收藏。

本书系编撰团队

首席顾问：詹 敏　　特约编辑：石北燕　　资源整合：王海宁　　主编助理：程美琳

特别鸣谢

企业界友人：

王纪伟	刘志清	殷祖碧	屈晓春	王群英	周素梅	李　根	王春燕	邓秀华	苏晓平
梅鹏飞	马　娅	严　勇	梅昌财	陈鑫磊	张正勤	余荣军	马　腾	王　静	张向东
陈玉劼	穆兆曦	黄家庆	曹书涵	邓智君	严佑春	黎邦其	汤敏超	万玉华	许开京
马本湘	马苏格	周巧璋	赖建雄	於凌燕	吴天真	周维升	孙大勇	孙鹏博	孟大伟
黄　刚	安　强	尹青胜	张　华	廖学锋	徐　恺	徐瑞明	咸伟川	晁莉红	旷晓玲
曾繁华	朱　明	李吉兴	李宗兴	李红伟	林翔辉	江明强	游　沙	潘少宝	刘冬梅
王东才	王耀民	程依春	郑孙满	肖万俊	肖金文	胡　勇	谢嘉生	贺　勤	刘继敏
毛志刚

博研教育领导团队：

欧阳清　博研教育总裁、广州市海珠区人大代表、民进广东省委会青工委秘书长
吴天昊　全球博研同学会秘书长，科创联盟发起人
顾国强　博研教育CFO兼首席法务官
雷　安　博研教育首席营销官
张川燕　博研教育商学院院长
毛望仁　博研教育金哲院联席院长
刘　画　博研教育金融学院院长
唐玉婵　博研教育金哲学院副院长
陈　洁　博研教育金融学院副院长
赖凤燕　博研教育历史学院执行院长
陈乐雄　博研教育国际学院副院长
冯平平　博研教育法国克莱蒙MIB/DBA项目主任
陈彦妤　全球博研同学会副秘书长
李　文　博研教育集团事业部主任
宋小英　博研教育产业创新项目主任
张荣兰　博研教育校友资源部总经理
田　磊　博研教育佛山分院执行院长

博研教育金哲11班同学：

陈建名	陈锦全	秦　烜	卢建彤	李庆嘉	陈宣儒	邓辉明	李连燕	郭恩凝	黄定文
刘隽瑜	刘鸿兴	刘　萍	罗　林	陶祺楢	温思婷	文美兰	徐怀石	燕　东	朱华英
陈伟添	许宏生	黄大成	卢海华	张青云	何　理	王牧笛	管晓蕾	刘　翔	廖　健
梁文蓓	张俊峰	何晓娟	张　梅	张春玲	晏　晨	谢振荣	詹惠红	周　斌	余少菓
赵天宇	黄惠敏	周立峰	王　方	夏艳娟	彭　琼	李东梅	冼丹丹

法国克莱蒙商学院博士班同学：

张　健	宣典祥	毛小毛	朱红兰	廖春樱	陈　耕	李家丽	彭　琼	李卓洁	王　伟
周立峰	廖成伟	陈锐涛	左光申	陈锦全	李东梅	李小华	凌晓萍	卢建彤	冯华山
张　玫	金代荣	张金海	李东坤	王　玲	何晓娟	杨莉丽	刘汝华	张俊峰

华为 商业哲学书系

推荐序一 ▶ FOREWORD I

读懂任总才能读懂华为
学习领先者成为领先者

范厚华 / 文

歌德曾说过:"同时代的伟大人物可比于空中的巨星。当他们在地平线上出现的时候,我们的眼便不禁向他们瞻望。如果我们有幸能分享这种完美的品质,我们便感到鼓舞和受到陶冶。"

当今企业界,人们为什么学华为?

在世人眼里,华为曾经和它的创始人任正非先生一样,充满神秘感,很少有人能说清楚它是如何在短短30多年,从一家立足深圳经济特区、创业资本只有21000元人民币的民营企业,稳健成长为年销售额近万亿元人民币的卓越的民族企业的。华为的迅速崛起及其取得的辉煌成就为业界瞩目,它在很多方面,尤其是企业管理方面,对整个产业乃至中国企业产生了深远影响。很多专业人士都试图从企业管理的各个层面探究华为成功的原因，那么，华为是如何对近 20 万人的庞大组织进行科学的管理，并卓有成效呢？

本源就在于任正非先生的商业哲学思想。

任正非先生说过："一个管理者到底以什么样的思想来治理企业，我认为这是一个企业首要且最大的管理命题！"

我在华为任职 17 年，从一名一线销售人员到代表处代表，再到海外区域副总裁，见证了华为从国内市场到全球领先的不断壮大的历程。要说我体会最深的一点，是我刚进入华为的时候，第一次有幸读到任总的讲话纪要，任总看似平易近人、通俗易懂的话语，却深入浅出地表达出深奥的管理理念，给当时的我留下了深刻的印象，并对我后来的成长起到了指路明灯的作用。我相信任总的管理理念在每位华为人心中都刻下了深刻的烙印，甚至可以说，华为最后的胜出，就是任总管理理念普遍灌溉的结果！

任总先进的管理理念，以及对外部智慧的开放吸纳，对世界观、价值观、商业观的坚守，是华为能够专注于本业的核心，更是华为能团结全球最优秀的人才、不断壮大成长的秘诀。

企业家都需要面对一个问题：企业存在的意义和本质是什么？我们究竟帮助客户创造哪些价值？为社会解决什么问题？套路、章法、打法再熟练，也只是价值传递的管道；若顶层思想偏离了企业存在的本质，就直接导致行为偏差，最终使结果产生巨大偏差。

我作为"以客户为中心"的企业管理实践者，6 年来指导多家上市企业学习任正非先生的管理理念，解读华为的先进管理体系。企业家们在深入理解的基础上，结合企业自身实际，建立和践行了自己的"以客户为中心"的管理体系。我们先后服务了歌尔股份、汇川技术、西子洁能、顺络电子、中控技术等企业。企业家们以他们强大的领导力，锐意变革，坚守长期主义，几年下来，这些企业都取得了非常优异的经营成绩，走上了高质量可持续发展之路。

这套书对任正非的商业哲学进行了全面系统的梳理，从管理思想到业务策略，从管理哲学到规则体系，从世界观、方法论、领导力哲学等方面，深度解读任正非先生的商业思想内核，揭开华为30多年来持续壮大、不断腾飞的本源动力。这套书凝聚了东升兄及其团队研究华为20余年的心血，极具思想性、先进性和启迪性，我相信会给企业家及广大读者带来独特价值。

读懂任总，才能读懂华为；学习领先者，才能成为领先者！

相信读者在东升兄及其团队的心血之作的加持下，勤加实践和体悟，一定能在企业治理之路上突破认知、扩大格局，带领企业走向巅峰！

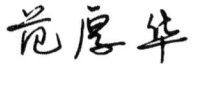

范厚华

2023年9月

（范厚华　深圳传世智慧科技有限公司创始人、总裁，华为前海外区域副总裁）

华为 商业哲学书系

推荐序二 ▶ FOREWORD II

利他和长期主义的力量
弘扬家国情怀

殷祖碧 / 文

任正非是我最敬佩的中国企业家之一。这不仅仅是源于我有过从军经历，任正非早年也在部队，且一度成为了技术能手、学习标兵。部队的历练为任正非后来创建华为打下了坚实的基础。可以说，华为能有今天的成就，与任总早年在部队的历练密不可分。我后来也脱下军装开始做生意。很多人都知道，刚开始我创建的公司规模虽小，但也是在服务我们的国家基层民众，从这一点来说，我们与华为的初衷是一致的。

我敬佩任总的另一个重要原因是，42岁开始创业的任总打造了让全世界瞩目的伟大的企业。华为的成功，其核心就是任总在华为实施的完整的闭环商业逻辑，沉淀的深刻的商业哲学，无论从自主研发到市场营销，还是内部全员持股分红，都是让常人难以想象的管理智慧与最早的内部均富思想的落地。

通过子旭科技总裁、香港大国医道智慧国医董事长，也是我们的会员企业主詹敏的介绍，我认识了我国知名财经作家程东升老师。程老师持续研究华为，从2003年出版第一本有关华为的畅销书《华为真相》，到2023年刚好20年。20年来，程东升及其团队策划了系列有关华为的图书及课程，为总结中国企业的管理经验做出了一定的贡献。程东升老师的专注力、专业度同样让我们敬佩。

程老师及其团队耗时四年多创作的华为"商业哲学书系"，系统总结了华为取得巨大成功的底层逻辑、价值观、方法论。在我看来，这是学习华为的非常好的系统工具。

我认为，华为商业哲学具有一定的普适性，可以为很多中国企业学习。创建公司以来，我们一直在学习华为的管理模式，引入了华为的利他主义、长期主义、诚信为王等思想。

华为有一个理念是"以客户为中心"，长期坚持艰苦奋斗。华为从之前的交换机产品到现在的手机，到各种智能产品，秉承的都是这样的理念。世界公认的国际质量管理体系ISO八大原则之首就是"以顾客为关注焦点"，处处落实到细节中，这是一个伟大的理念。

我们从永倍达到2023年下半年推出的全新的互联网平台"有趣世界"，定位始终如一——做中国领先的民族电商平台。我们充分分析了国家当前的市场需求和社会环境，致力于通过打造自主品牌，利用自主知识产权，实实在在地帮助企业，更好地满足"人民群众对美好生活的向往"。

我们认识到，消费者既是消费者，同时也应该是企业的投资人，在享有产品的使用权之外，还应该拥有企业的分红权。但是，在传统商业理念的零售模式中，消费者仅仅是产品的消费者，企业的发展壮大、取得的利润，基本与消费者无关，尤其是在还没有上市的时候，企业内部存在一个封闭的利润分配机制，消费者只是利润贡献者，难以分享企业的利润。即使上市了，企业也只是开放了一部分利润分配权给社会上的投资人，而非全体消费者。正是从消费者（客户）的这个需求出发，我们创建了"永倍达·有趣世界"，我们的目标是让越来越多的消费者成为企业利润共享者。在这一点上，我们本质上是在学习华为"以客户为中心"的服务意识。

在运营中，我们学习了华为人艰苦奋斗、不畏艰险、迎难而上的精神。我在创业过程中，也遇到了几乎是同样不可想象的各种困难，甚至面对过巨大的质疑，但我们从没有退却过，从没有停步过，从没动摇过我们的信念，从没辜负过对千千万万会员的承诺，我们坚信我们从事的是如华为一样伟大的事业。

尽管我们过去取得了一定的成绩，在 2023 年 8 月 15 日推出全新的互联网平台——"有趣世界"之后，我还是要求团队成员具备"归零心态"，忘记过去的所有成绩，一切从头开始。我们一直牢记华为倡导的"过去的辉煌不是未来成功的可靠保障"。

华为还有一点非常值得学习的，是强烈的家国情怀。孟晚舟女士被滞留在加拿大长达数年，有着强烈使命感的华为人的家国情怀日月可鉴！

在千千万万的事业伙伴的共同努力下，我们也像华为一样，以强烈的家国情怀，与全国近400个县市成功合作惠美乡村项目，帮助亿万村民直接销售农产品；我们还积极参与乡村振兴基金的建设，为惠美乡村的永续发展做出重要贡献。我们会继续不忘初心助力中国乡村经济的振兴事业，还会通过各种方式服务社会、回馈大众，永怀家国情怀。

华为商业哲学的内涵非常丰富，我们只领会了其中一部分内容，还没有学到家。这套书是非常好的学习工具，我们愿意与更多企业家、伙伴们一起持续学习、共同进步，创造属于我们的美好未来。

2023年9月

（殷祖碧　铸源集团营销副总裁，有趣世界龙焱系统创始人，湖北军昊文旅发展集团董事长）

华为 商业哲学书系

推荐序三 ▶ FOREWORD III

企业家要学点哲学

徐晓良 / 文

博研教育起源于2009年创办的中山大学管理哲学博士课程研修班，与很多以实用为导向的企业家培训班不同，博研教育一开始就走的是"无用之用"的道路，以"哲学"为基础课程，以"哲学"为思考的出发点和归宿。因此，博研教育的很多课程，尤其是面向企业家、企业高层的金融哲学产业创新班课程（简称金哲班），商业哲学是必修课。

博研之所以采用这样的课程设置，是因为我们觉得企业家到了一定的阶段，必然需要进行哲学思考，必然会从哲学的高度考虑问题，具备哲学思维的企业家，才容易在纷繁复杂的商业市场中，看清商业的本质，掌握企业的核心。事实也正是这样，比如华为创始人任正非先生，其经营管理理念就充满了哲学思考，有大量的思辨话题。

比如任正非提出"华为没有成功,只有成长",按照我的粗浅理解,这句话充满了哲学意味,至少有两层含义。

第一,"成功"没有什么统一的标准。或许在很多人眼里,华为已经非常"成功",比如2019年的营收一度达到了将近9000亿元、利润达到了600多亿元;华为多年前就超越了曾经的行业第一思科、第二美电贝尔等众多巨头,成为全球ICT领域的领军企业;华为在ICT领域的多项技术跃居世界第一……从市场表现来看,华为的确算是非常"成功",这是普遍意义上、普通人眼里的成功。但在任正非看来,这都不算什么,或许他心里有更高更远大的目标,华为还远远没有达到他的期望。

第二,华为的成功永远只是暂时的、阶段性的,华为根本没有"成功"的概念。这当然是任正非对于华为取得成就的一种自谦,但如果从哲学的角度分析,任正非说的也确为事实。天下没有任何一家企业能够一直成功,甚至都没有永远存在的企业。任何企业都是有一定的生命周期的,华为也一样,最终会有消亡的一天。所以,任正非说,华为人的任务之一就是推迟华为死亡的时间。

因此,任正非从来不说要做百年企业,而是经常提醒华为人"华为距离破产只有21天"。

这套书从哲学的高度对任正非先生的经营管理理念进行了相对全面的梳理、剖析,大家可以通过这套书系统地学习任正非先生的商业哲学。

任正非先生非但在华为的经营管理实践中不自觉地进行哲学思辨,还非常明确地要求华为的高层要学点哲学、懂点哲学。

显然，任正非先生就是一位商业哲学的思考者、践行者。

任正非先生给中国企业家树立了一个很好的标杆。

亚里士多德曾说过："哲学智慧产生于人类的实践活动。科学需要哲学，商业也需要哲学。"在当下这个关键节点，企业家需要重新对世界发起追问和思考。

博研的课程设置以哲学为基础，在一开始的时候，我的很多朋友都担心这样的"务虚"课程，很难得到企业家，尤其是华南企业家的认可。在很多人的印象里，华南地区的企业家是低调务实、讲究实战，甚至是奉行实用主义的。但博研这么多年的经验证明，华南的企业家非常喜欢哲学，博研的"金哲班"课程受到了广大企业家的喜爱。目前，金哲班课程已经开设到了第12个班，有数千名企业家学习了这一课程。

经过多年的发展，博研同学会已形成拥有2万企业家学员、20万企业家会员，影响力覆盖超过100万华南高端人群，并具有全国影响力的学习型社群。

这充分证明，华南企业家不但非常务实地低头拉车，还时常抬头仰望星空、进行深度思考。这是一群非常好学、思辨性很强、实践能力很强的可爱的企业家。

近年，博研开始尝试走出华南，去全国更多城市服务当地的企业家。我们希望全国各地的企业家都能参与商业哲学的课程学习。

我们将持续开设商业哲学课程

叔本华说："哲学就像艺术和诗，必须在对世界的知觉把握中去寻找自身的源泉。"

黑格尔说："哲学应当从困惑中开始。"

这是博研创立的初衷，也是程东升先生研究华为商业哲学的初衷。

程东升先生及其团队一直研究华为和任正非先生的经营管理理念，先后策划、创作、出版有《华为真相》《华为经营管理智慧》《任正非管理日志》《华为三十年》等众多华为题材的畅销书，在市场上产生了相当大的影响。其中，《华为真相》第一版出版于2003年左右，是国内最早出版的关于华为的专著之一，可见程东升先生及其团队对华为关注之早、研究持续时间之长、专业程度之高。

我在与程东升先生交流的时候，他经常自谦地说，上述图书的畅销，并非他们团队努力的结果，而是华为的成功实践产生的联动效应，是任正非先生系统而完整的经营管理理念在中外企业界的重大影响带来的。

几年前，程东升先生及其团队开始策划、创作华为"商业哲学书系"，从哲学视角梳理任正非先生的经营管理理念。其团队中有前世界500强企业的CEO，有中国企业界的资深企业教练，也有国内外著名商学院的知名学者。这是一个实力雄厚、理论与实践经验都非常丰富的团队。

基于大家对商业哲学，尤其是华为商业哲学的高度认同，博研教育与程东升先生的团队共同策划、出版了这套书。我们将会把这套书作为博研教育的教材，供广大企业家学习。

弗兰西斯·培根说："读书不是为了雄辩和驳斥，也不是为了轻信和盲从，而是为了思考和权衡。"

企业家来博研学习，除了知识的更新外，还可以提升思辨能力，学会思考和权衡。

这套书的出版只是工作的开始，未来，我们每年都会推出类似的出版物。我们还与程东升先生及其团队开发了针对企业家的商业哲学课程体系，内容包括中西方哲学流派的演变、任正非商业哲学认知以及他在华为的实践；这门课程既包含哲学素养的普及知识，又有哲学在商业中的实践经验，企业家在学习过程中既动脑又动手，既务虚又务实，非常适合提升企业家的认知能力和实践能力。

我一直认为，做企业需要使命引领、哲学护航、战略创新、机制保障。在这一框架下，企业成员可以逐步实现"同类相依"，朝着同一个目标前行。

我相信华为"商业哲学书系"的内容会不断完善、课程体系会不断优化，不但为博研教育的企业家学员赋能，还可以给全国乃至世界更多国家和地区的企业家赋能。

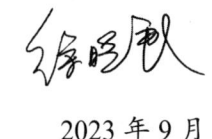

2023 年 9 月

（徐晓良　博研教育创始人、董事长，博研商学院院长，全球博研同学会理事长，广东省工商联执委、广东省山东青岛商会会长、中国科学院科创型企业家培育计划发起人，国家文化科技创新服务联盟主任。曾任中山大学 EMBA 中心主任）

华为 商业哲学书系

推荐序四 ▶ FOREWORD Ⅳ

回归原点读任正非的商业哲学

田和喜 / 文

我们所处的世界,既简单,又复杂。看华为,想必也适用。"一听就懂、一做就蒙"已然成为中国企业学习华为的窘境所在。

因为咨询服务的需要,我开始研究华为。

任正非曾说:"华为生存下来的唯一措施,是要向最优秀的人学习。"2012年,我有幸成为国内唯一受邀到华为分享阿米巴经营原理与实战的咨询顾问,从此我与华为结缘,进而了解任正非先生和华为的成长历程,并开始探寻华为的成功之源。

一、华为的"真经"源于任正非的商业哲学

企业经营是一门科学,也是一门艺术。华为是任正非遵循科学规律带领全员创作出的"艺术品"。因此,企业家个人的商业哲学,

是一家企业持续成功的根基。世界上没有两位相同的企业家，自然也不存在两家相同的企业。

华为成功源于任正非的商业思想。

第一，一把手胸怀天下与战略定力。

优秀是一种思维习惯，志存高远才会有超前的战略眼光。任正非在1994年就洞察到通信行业未来的市场竞争格局，想要生存就必须"三分天下有其一"，从而保持高度聚焦的战略定力，提前布局未来，华为才有了今天的底气。

2019年5月5日，美国政府宣布制裁华为。随后华为公开发文称："我们早已做好准备！"华为十多年前在"云淡风轻的季节"已经作出过"极限生存的假设"，随着何庭波的一份声明让世界震惊——所有我们曾经打造的"备胎"，一夜之间全部转"正"。

想要活下去，必须未雨绸缪。最具风险的事情，就是对未来不采取任何行动。

第二，以客户为中心与有效的市场策略。

企业想要持续发展，"以客户为中心"只是基本条件，还必须采取精准的市场策略。做通信业务时，任正非向毛主席学习"农村包围城市"的打法，选择差异化的产品定位和高性价比路线，从中低端市场入手，在夹缝中生存，奔赴海外做跨国巨头们看不上的边缘市场。

华为2003年就成立了终端公司，为运营商定制开发了100多款手机，由于只关注了运营商需求，没有把目标瞄准最终购买和使用手机的消费者，这100多款手机未受到消费者喜爱，业务发展缓慢。直到2011年，华为终于明确"终端竞争力的起点和终点，都源自消费者"后，终端业务才走上了快速发展的道路。

想要活下去，必须先瞄准客户，想要发展，必须走与众不同的路。

第三，以奋斗者为本与倒逼经营体制。

成功是奋斗出来的，成长是倒逼出来的；没有持续的成长，哪来持续的成功。任正非从自己的人生经历中深刻体会到，个人成长是因原生家庭境况所逼，企业成长源于市场竞争的生死压迫。华为设置的事业部、责任中心制与当年松下事业部制如出一辙，培养了大量管理人才。

2009年1月，任正非在华为销服体系奋斗颁奖大会上，发表演讲《让听得见炮声的人来决策》，结合华为当时组织变革背景，"让听得见炮声的人来决策"从此开始流行。我后来看到这篇文章，才注意到华为向日本企业学习已久，这也是为什么华为邀请我分享"阿米巴经营模式"原理、原则与实践的原因。

活下去，必须把寒气传递给每一个人，要发展必须全员奋斗，这就是全员经营的倒逼体制。

第四，长期艰苦奋斗与价值分配体系。

价值分配体系要向奋斗者、贡献者倾斜。任正非围绕"创造价值、评估价值、分配价值"设计出一套科学的激励体系，吸引着全世界的人才。从"高层要有使命感，中层要有责任感，基层要有饥饿感"的激励方针来看，任正非早把人心的需求看穿，把人性的弱点看透，讲着鼓舞士气的话，公平公正地分钱，牵引着人心向前。

学习任正非，经常会遇到一个偏执的问题："老板，您学习华为管理之前，能先做到像任总那样把99%的股份分给大家吗？"激励的学问，不只在于分钱，也不是一定要把绝大部分股份分出去，而是学会在公司不同的发展阶段，根据战略需要，不断实现新的利益再平衡，让蛋糕越做越大，能力越分越强，钱越分越多，也越分越长久。

活下去，除了会分钱，同时还要会分责、分权、分名、分利，更要会分享经营的痛苦与胜利的喜悦。

第五，永远冲锋在前与不断突破自我。

"我若贪生怕死，何以让你们去英勇奋斗，华为强大的核心在于其干部管理体系。技术骨干出身的任正非，深知技术对于企业的重要性；但他更加明白，企业要实现技术上的持续领先，必须在经营管理能力上持续领先。任正非提出："所有企业都是管理第一，技术第二。没有一流管理，领先的技术就会退化；有一流的管理，即使技术二流，企业也会进步。"

任正非要求自己放下技术走向管理，并带领干部团队一起从技术走向管理；华为要用优秀的人培养更优秀的人。

活下去，革自己的命最难，但任正非义无反顾地做了。

第六，回归原点思维与战略集成经营。

回归原点，是松下幸之助和稻盛和夫的观点，也是我在日本住友学习"《论语》加算盘"经营实学之战略集成经营的第一课。

华为很复杂，华为一年几千亿元的营业额，业务遍及全球170多个国家和地区；近20万员工，组织十分庞大，经营管理体系、工具十分复杂。如照搬其方法论，大部分企业难以驾驭。

华为也很简单，华为和世界其他优秀企业一样，都始终坚守经营的原点，遵循朴素的经营原理和原则，所有业务管理的工具、方法、机制系统都是在此基础上生发出来的产物。华为将朴素的商业哲学与经营管理的各机能体系融会贯通，形成了高度的战略集成经营，这是华为庞大组织能够实现上下对齐、左右协同的根本原因。如果华为在经营原理和原则上是复杂的，那必然无法高效组织千军万马南征北战，展现出世界一流的竞争力。

任正非曾十分很谦虚地说："我什么都不懂，只懂把华为的人'粘'起来，朝一个方向努力。"然而，他何止是把华为人"粘"在一起，也把外部的客户、科研机构、供应商、战略集成经营顾问、模块管理顾问等利益相关者全都紧紧地"粘"在一起，为了华为"把数字世界带入每个家庭、每个组织，构建万物互联的智能世界"的使命而奋斗。

活下去，任正非不断回归原点，不忘初心，牢记使命，永葆创业状态。

二、做不了任正非，但必须学任正非

经营管理本身也是一门支撑企业成功的核心技术，任正非作为商业智慧的集大成者，他为中国企业家提供了一个学习和对标世界一流经营水平的窗口，在世界范围内，我们能够找到的公开且信息丰富的商业案例屈指可数。而今，本套书就在我们面前。它讲述的不是成功学，而是每位企业家都可以学到的商业真经。

2023 年 9 月

（田和喜　广州道成咨询集团创始人，曾任世界 500 强住友化学经营部长，中国"理念＋算盘"自主经营开创者，阿米巴经营本土化奠基人、权威专家，中国 500 强战略集成经营顾问）

华为 商业哲学书系

书系总序 ▶ FOREWORD V

探究任正非的商业哲学

程东升 / 文

> 没有正确的假设，就没有正确的方向；
> 没有正确的方向，就没有正确的思想；
> 没有正确的思想，就没有正确的理论；
> 没有正确的理论，就不会有正确的战略。
> ——《任总与 Fellow 座谈会上的讲话》（2016）

任正非的这段话充满了哲学思考的味道——方向大致正确，来自企业家的思想正确；企业家的思想正确，来自对企业的正确认知；思想正确、正确认知来自企业家对事物本质的认识，企业家需要掌握哲学这个工具。

任正非认为，领导干部要学习哲学，提高认知水平，提升分析事物的能力，学好哲学才能做好工作。在华为的管理问题上，任正非多次提到"华为的管理哲学"。

华为所有的哲学就是以客户为中心，就是为客户创造价值。

任正非的这句话强调了以客户为中心在华为的重要性，这也是华为所有动作的出发点和归宿。

华为没有管理哲学，华为管理的核心就是四个字：实事求是。

任正非说华为没有管理哲学，或许也是一种事实——华为包括任正非自己并没有提出明确而系统的管理哲学体系，任正非只是在日常讲话中提及众多管理原则、思维模式，涉及大量认识论、方法论等。任正非更没有创立新的哲学理念，从学术的角度看，华为和任正非的确"没有哲学"。

但是，从实用主义、商业的角度看，任正非执掌华为30多年，带领20万人，将华为从一个小公司发展成为营收最高达8000多亿元、在行业内排名第一、众多技术领先世界的公司，没有一定的哲学认知、哲学高度，这样的成就是不可能实现的。因此，任正非说华为没有管理哲学，显然是他的一贯风格——自谦，但并非否认华为有独到的管理哲学。

实事求是本身就是一种哲学，实事求是才能自我批判。从西方哲学的角度看，实事求是的假设前提是承认一切商业原理、商业成功都只是暂时的，都可能是错误的。这种假设的本质就是哲学上的怀疑论。

在任正非看来，规律是可以被认识和尊重的，但是，并不意味着所有结果都符合规律。也就是说，即使你掌握了公司成功的规律，也并不意味着你总是可以成功；何况，你认识和掌握的不一定是真正的规律。

很多企业家在取得了初步成功之后，就忘乎所以，以为自己掌握了企业的规律、行业的规律，甚至掌握了成功的规律，企业还没有做多大，就开始多元化，看到一个项目挣钱就想介入。这其实是一种投机心态。

这样的企业家，往往将运气等同自己的能力，以为时代给他的机遇、好运，是他凭自己的能力得到的。他以为自己的成功是一种必然，其实不过是一种偶然。

我辞职创业以后，收入比之前在政府机构、公司都高。一些朋友说，看来你在原来的单位受限制了，能力没有发挥出来。我告诉他们，我自己的市场价格也就是每月四五万、每年几十万的收入。现在我的收入多了一些，并不代表我的能力强，只是我的运气稍微好一些，而且是当下的运气好了一些，也许过几年运气不好了，能力再强，也只能获得市场给的价码。当然，通过持续不断地学习，我们可以提升自己的能力，进而让市场给我们更高的定价；规避风险，进而少犯错误；积累更多人脉，进而让运气更好。

学习还有一个更重要的功能——让我们对自己的判断和能力保持怀疑，明白外界的不可知性，清楚学习的重要性——通过学习，可以逐步接近事物的真相、理解真相、掌握真相。

学习华为就是学习任正非的商业哲学

从 1999 年起，我们开始关注、研究华为，2003 年出版《华为真相》。之后，我们一直在跟踪研究华为，到 2023 年，已经有 24 年的时间了。这 24 年中，华为从一家电信行业的小企业，成长为国际一流的 IT 与信息技术供应商、世界最大的电信设备制造商，在全球范围拥有很高的品牌知名度和影响力。

尽管任正非不承认华为已经取得了成功，在他看来，"华为没有成功，只有成长"，但从行业地位、销售规模、市场占有率等指标来看，华为的确已经取得了阶段性成功，甚至可以说是取得了巨大成就。

华为的成功，与任正非的经营管理密不可分。从我们这 24 年对华为的观察来看，华为的成功就是任正非商业哲学实践的成功。任正非从华为具体的经营管理中，总结、提炼了一套独特的华为经营管理哲学，已经从一个企业家成长为一位商业哲学家。这也是很多著名企业家的成长路径——从企业家到教育家，再到商业思想家、商业哲学家。

早在 2005 年，我就在《华为经营管理智慧》一书中提出了"商业思想家"的概念，并提出，任正非算是中国少有的一位"商业思想家"。今天，我觉得用"商业哲学家"更为恰当。因为企业家到了一定的高度，必然会从哲学层面思考问题，探究问题的本质。企业家到了一定的高度，必然成为教育家、商业哲学家。

我们之所以将任正非定义为商业哲学家，是为了限定任正非哲学理念的范畴。任正非显然很难算是一个普遍意义上的哲学家，更非一位学术界的哲学家，但他的确有深厚的哲学修养、深刻的哲学认知及成功的商业实践。我们将任正非定义为"商业哲学家"，就是强调他在商业领域应用哲学、提炼哲学。

这些年来，研究华为与任正非管理理念的书越来越多，但从商业哲学的角度进行观察、分析的还比较少。我们策划这套书的初衷就是从更深层乃至商业哲学的视角解构任正非的管理理念。

这些年，尤其是近年来，很多企业，包括很多国有企业都在学习华为。我们认为，华为当然值得学习，华为也应该去学习。不过，学习华为有不同的层次，在企业家层面，尤其是有一定规模的企业，企业家学习华为其实就是学习任正非的商业哲学，就是学习任正非的底层逻辑、学习任正非的思考方法、学习任正非分析问题的路径……

其实，不仅国内的企业，国际上也有很多企业在研究华为。从一定意义上说，华为的管理理念已经成为中国企业影响世界企业界的重要因素。华为和任正非正在重塑中国企业和中国企业家在世界的地位和影响力。

我们希望这套书能够为各界学习、研究华为和任正非的管理理念提供一个新的视角。

企业界学习商业哲学的样本

读者们可能注意到了，本套书的联合主编有一位非常引人关注的人士——徐晓良先生，徐先生是博研教育（博研商学院）创始人、董事长，博研商学院院长。徐晓良先生及博研教育深度参与了本套书的内容策划、创作和运营。

我们之所以选择与徐晓良先生及博研教育合作，是因为博研教育一直在引导和鼓励企业家们学习哲学。在中国企业家培训市场，这是一个独特的存在。

博研教育起源于2009年创办的中山大学管理哲学博士课程研修班（简称"博研班"），在发展过程中融合了中山大学CEO总裁班、北京大学BMP商业模式班、明伦堂国学班、广州美术学院艺术研修班的课程内容，并与清华大学合作进一步完善了教学体系。

经过10年的砥砺前行，博研教育以其富有哲学智慧的人文课程、科学赋能的管理课程、与时俱进的金融投资及商业模式创新课程，跨行业的、创新性的教育实践，在华南地区的企业家学习园地独树一帜。博研教育坚持"培养商业思想者"的发展使命，"学习成就人生"的教育理念，"以文会友，以友辅仁"的教学方针，致力发展成为"中国高端人文教育第一品牌"。

博研同学会已形成拥有两万名企业家学员、二十万名企业家会员、影响力覆盖百万华南高端人群并具有全国影响力的学习型社群。

毫不夸张地说，在对中国企业家进行哲学启蒙、从哲学高度提升中国企业界整体认知水平方面，博研教育功不可没！

正是由于对博研教育的高度认可，我们邀请徐晓良先生和博研教育共同参与了本套书相关的工作。当然，按照我们与徐晓良先生和博研教育的共同规划，本套书的出版只是工作的开始，未来，我们每年都将推出类似的出版物。我们还与徐晓良先生和博研教育开发了针对企业家的商业哲学课程体系。徐晓良先生主要讲授"商业哲学"和"哲学漫谈",我和我的团队主要讲授"任正非商业哲学"。这些课程内容包括中西方哲学流派的演变、任正非商业哲学认知及在华为的实践,既有哲学素养的普及,又有哲学在商业中的实践,企业家在学习过程中既要动脑又要动手,既务虚又务实,有助于提升认知能力和实践能力。

基于对博研教育的认可,我本人也报名参与了博研教育的金融哲学班,以及博研教育与法国克莱蒙商学院合作的工商管理博士学位班的学习,当时这两门课程的学费是49.8万元。与华南其他民办企业家教育机构的课程相比,这个费用不算低,但与很多高校EMBA课程的收费相比,这个学费可谓非常实惠、性价比很高了。

在博研教育学习的过程中,我接触到了大量优质的企业家同学,既有创一代,也有大量创二代、创三代,这是一个充满活力、富有创造力的群体,大家的互动交流,尤其是线下交流非常多,我收获了很多友情,这是在其他很多教育机构无法实现的。就我本人而言,在博研教育学习非常超值。

我们在博研教育学习还有一点非常值得推崇——大家互为老师,相互赋能,比如,我在这里学习,同时讲授"任正非商业哲学";著名企业家、博研金融哲学班校友、芬尼科技联合创始人宗毅讲授"裂变式创业"的课程,等等。

基于上述学习模式,我相信这套华为"商业哲学"的内容会不断完善、课程体系也会不断优化,不但赋能给博研教育的企业家同学,还可以赋能给全国及至世界更多国家和地区的企业家。

  我们希望各位读者朋友也参与到这个项目中来,您的任何建议、意见,可以随时反馈给我们(助理联系方式:15013869070),在此表示诚挚感谢!

程东升

2023 年 9 月

前 言 ▶ PREFACE

　　本书试图通过分析任正非在华为创设、掌舵、管理过程中的所说、所做，将其管理思路及其底层逻辑进行解构、重构，并汇总成一个条理清晰、逻辑自洽、结构直观的框架，以求实现对任正非管理哲学全面、深刻、简洁的总结，同时为企业决策人和管理者提供思想和观念上的对照、参考、启发、触动及改变。因此，本书所引用的资料和对任正非哲学的分析，都是以1987年华为公司（简称华为）的创设为起点，不涉及任正非早于该时间节点的经历和思考。

　　得益于任正非创设华为以来几十年间在管理哲学上的一致性，虽需要阅读和筛选其超过一千万字的谈话和文章，在总结、论述、分析、提炼其宏观脉络、内在要点和解构要素时，作者团队并没有感到特别困难。在引用大量资料时，我们有针对性地平衡任正非在不同时期、面对不同听众和读者对象（员工、媒体、同行、论坛听众、各行业商业领袖、赞助院校等）所谈的内容占比，从而有助于读者了解其思维和观点的广度、深度、多样性和演变，以及格外鲜明和重要的一点——总体上的一致性。读者很有可能会和作者一样，发现除与具体时空关联的细节及议题外，任正非的谈话内容或文章，与其管理哲学、观点等内容的发表时间，并未体现出明显的相关性。这种时效性的缺位，从侧面反映了任正非早年，尤其在创设华为之初，其思维的深刻性和鲁棒性。这种深刻性和鲁棒性，在华为成立之日起所走过的发展道路上，无疑极大地帮助任正非和华为避开了大量的发展陷阱，节约了大量的试错成本。当然，没有任何人可以在几十年的时间跨度中，在急剧发展、剧烈动荡、瞬息万变的 ICT 领域，扮演上帝和预言者的角色，因此，任正非思维的深刻性和鲁棒性，仅属于方法论层面，并不适用于预测、决策，以及执行层面。

本书以对华为成长历史和任正非管理思路较为熟悉的朋友为目标读者。除因行文需要的引用外，本书不会对华为参与的业务领域及其演变、公司发展历史、过往重大事件、管理体系细则等进行系统回顾、归类及总结。

因此，本书作为一本可独立阅读的著作，虽足以给广大读者提供关于任正非哲学的全面解构和总体重构框架，但对于不熟悉华为管理风格和任正非管理思路的朋友，对这些解构和重构的逻辑是否成立、各种构成要素之间的相互关系是否恰当，尤其是对总体重构框架能否准确而客观地吻合华为的实际运营和任正非的深层哲学，或许就难以作出明确的判断。

不过，对于这一部分想通过本书来了解任正非哲学的朋友，本书既可以帮助他们对华为管理实践和任正非管理思路有一个全面的结构性认识，也可用作未来针对华为和任正非更多研究的参考资料和模板，并按自己的理解，进行进一步的梳理、增删，以及改造。

本书使用的"任正非哲学"这一表述，就是对上述任正非底层思维和管理逻辑的统称。在本书中，哲学并非学术意义上的哲学学科，而是一个人在信仰、态度、方法、路径和风格上的基本脉络，且这些脉络具有长期、稳定、鲜明的特点，足以使具备这种哲学的人与其他人区分开来。

因此，本书所用的"哲学"二字，在遵循其一般定义的基础上加以扩充，比一般应用环境中"哲学"概念的内涵更为丰富，外延更为广泛，层次更为多样。具体来说，本书所说的"任正非哲学"，包括以下三个领域：

世界观：它是指任正非对人类社会整体、人类社会成员间的关系、成员和整体间关系的基本观点。这种基本观点有可能是基于个人经验而自发形成的，也有可能是基于系统思考而主动发现的，但在更多情况下，它们是结合自发形成和主动发现两种路径而产生的。在后两种情况中，世界观的形成和方法论的应用是密不可分且互为因果的，也就是说，世界观可以部分决定对方法论的采用，而方法论的采用也可以部分决定世界观的形成。

方法论：它是指任正非所采用的认识世界、融入世界、改造世界的方法体系。相较于世界观，方法论多了"融入世界"和"改造世界"的需求，是建立在世界观基础上的行动准则。一方面，如上文所述，世界观决定了采用何种方法论，例如一个虚无主义者不可能采用乐观主义者的方法论，而一个尊重人类多样性的人，则会倾向于遵循包容和合作的方法论；另一方面，方法论也可以部分决定世界观的形成，例如坚持实事求是的方法论，就不大可能形成在个人、公司及国家层面上唯我独尊的世界观，而坚持目标专注和资源集中的方法论，就必然会导向开放与合作的世界观。任正非的方法论有时会直接体现为管理哲学的原则或手段，例如对待主业的专注、对对外合作的坚持、对奋斗精神的提倡等；有时则会作为原则而间接体现为某些管理哲学，例如保持危机意识作为一种方法论，在管理中体现为在基础研究中的投资及防止突然死亡的"备胎"计划。同时，部分解构要素会由于解构角度和目的的不同而出现在不同的模块中。因此，读者会发现有些相似的表达会同时出现在方法论和管理哲学两个领域中。

管理哲学：它是指任正非在创设、运营、管理公司中进行预测、分析、判断、权衡、决策、执行、防错、监测、控制、变通、改善、变革、宣传、组织、引导、激励、奖惩、总结、固化等领导和管理行为时所采用的基本原则和主要手段。"哲学"二字在这里展现的是其"宏观性、基本性、总体性"含义，而非作为一门学科的思辨体系。从总体上说，任正非的管理哲学，是任正非的世界观和方法论的逻辑结果，但同样的世界观和方法论，并不一定会推导出同一套管理哲学，因为世界观和方法论，本质上较为宏观和宽泛，不仅适用面广、应用角度多，而且推导程度也是多种多样。每一个具有管理实践经验的个体，必然会基于自身的理解深度、目标追求、人生经验、所处环境、个人习惯、资源配备、条件限制、发展阶段、偶然无常等，推导、摸索、发展、采用，最终形成特定的管理哲学。

在每一个世界观、方法论和管理哲学的具体条目上，任正非并未体现出独创性或独特性，但这些条目在任正非身上的组合，则是独一无二的。本书试图分析、总结、解构并重构的任正非哲学，针对的便是这种独一无二的组合。

本书不对任正非的个性和个体风格进行分析和总结，其原因有四：首先，我们对任正非的研究，不是针对作为个体的他进行研究，而是针对作为一位具有世界影响力的企业家和管理者进行研究，而作为企业家和管理者，虽然会在管理理念和实践中受到自身个性和风格的影响，但这种影响并不一定会演化为某种特定的结果，也就是说，一个人的风格、个性，以及在企业管理理念和实践中体现出的深层观念，并无一一对应的必然联系，试图挖掘出这种对应关系或是因果关系，不仅不成立，而且会失之偏颇。其次，一个有所成就的企业家和管理者，一定能抵御个性的诱惑，进而避免将企业管理变成个人的表演或赌博。再次，虽然包括任正非在内的企业家和管理者，在内部管理、外部沟通、访谈、对话、传闻等种种形象塑造过程中，都会展现出令人印象深刻的个性和风格，但对任何有了一定规模的组织来说，这种个性和风格不应该成为组织持续运营和取得成功的保证或关键因素。如果试图在创始人或核心人物的个性、风格与组织结构的成就之间构建某种连接，就会流于戏剧性的故事性虚构，或是止步于表面化的现象陈述，而这并非本书写作的目的。最后，对任正非个性和风格的报道和研究已足够多了，这里便不再进行重复性总结或解析。

任何人都必须不断适应变化的环境，不管是行为方式、思路，还是价值观。这既是实事求是的需要，也是与时俱进的能力。与此同时，行为方式和思考模式，尤其是世界观和价值观，需要保持一定的稳定性，否则人就会失去准则、随波逐流，并失去对自己命运的掌控。从某种意义上说，这种稳定性，尤其在日新月异的当代社会中保持不变的一致性，体现了对社会发展和人类心理规律的洞察深度，反映了一个人见解的深刻和预测未来的远见，归根到底，是对错综复杂、千变万化的现象进行总结并从中得出规律性认识的能力。这种能力越是强大，则一个人的行为方式和思考模式，尤其是世界观和价值观，就会体现出更强的鲁棒性。哪怕在做出改变的时候，这种改变也会体现出同样的能力。也就是说，这种一致性和做出改变的坚决性，都体现了同样的能力，那就是对事物和现象本质的认识能力。任正非的行为方式、思考模式、世界观和价值观，并非与生俱来的，也并非自创业初期起就一成不变的，但其中体现出了非常鲜明的一致性。

作为一个人生经验和管理经验丰富、思维深刻长远、坚守实事求是的精神、善于妥协合作，又善于组织语言并擅长表达的人，可以想象，任正非在几十年的时间里，在不同的时期，面对不同的听众，针对不同的话题，尤其是基于传递信息的针对性和有效性，从不同的角度和动机出发，其所思、所写、所谈一定是复杂多样的，必然会涉及企业生存、发展、战略决策、具体日常管理等全方位的内容，以及所有在管理实践中曾被人类认可和采用过的各种理论，且这些理论在横向（针对不同人群和话题）和纵向的（在不同的历史时期）比较中会展现出不一致性，甚至自相矛盾的状况。我们该如何看待这种不一致性呢？

首先，我们认为人是变化的，任正非也是变化的，且可能相较于大多数人来说，他更加多变，这导致他不可避免地会经常性否定自己，改变观点，调整论调。这种改变当然会导致表达内容上的不一致。

其次，人的观点是多样的，即使是面对同一时空内的同一个对象，也会有多种多样的观察、理解、解读、描述和表达，不存在泾渭分明的单一观点。有时为了强调立场的鲜明，有时为了避免立场摇摆导致的时机贻误，有时为了特定的目的而违背自己的原则和初衷，有时为了达成目标而采用迂回和妥协的手段，有时通过快刀斩乱麻的方式尝试一种路径，有时在思如乱麻的时候进行随机选择，有时为了迎合听众的爱好或理解能力而对信息进行取舍拿捏，总之，有数不胜数的可能性和限制条件，都可能导致同一个人，在同样的时空中，在同样的条件下，会有不同的想法和观点，尤其是经过酝酿后表达出来的意见。任正非眼界远大，危机意识强，对人对己要求都很高，身处竞争激烈且日新月异的ICT领域，他殚精竭虑，如履薄冰，因此更常展现出观点的多样性。

再次，人都会进步，都会在社会发展、竞争态势变化、科技进步、理论和价值观演化等一系列环境变化中，跟随着人生阅历和企业发展的步伐，进一步增强对世界的认识，改变、修订、强化或固化自己先前的观点，并开启新的认知领域，或提升到新的认知境界。哪怕基本的观点维持不变，基于这种境界的提升，也会产生不同的理解和解读，提出不同的方案，并采取不同的路径，总之，会表现出不同。任正非也不例外。

最后，也是最重要的一点是，虽然任正非在前三点上都没有例外，甚至比大多数人更加极端，但任正非在几十年的创业和管理实践中，体现出了总体上和主体上罕见的一致性。所谓总体上，是指他的世界观和方法论层面；所谓主体上，是指他在华为定位、战略、路径选择、管理原则等决定和影响企业成败的核心要素上，维持了相当程度，甚至是令人吃惊的一致性。这种一致性主要得益于他对三个领域的洞察：一是对人心的洞察，这主要体现在他在内部管理中对待员工及外部管理中对待同行、科学家等的态度上；二是对成功逻辑的洞察，这主要体现在他在服务客户、合作共赢、专注主业、投资未来等对待行业的手段上；三是对战术有效性的洞察，即在执行层面对有效性和高效性的把握和应用上，正如那些在战场上善于把握战机、灵活执行上级命令的指挥员，例如《亮剑》中的李云龙，不受学院派条条框框的约束，从实事求是的基础出发，用实用主义的手段，获取最大的成效。这种一致性给本书的写作提供了一个可能性，那就是在任正非多年来丰富多彩如万花筒一般的观点和思想的海洋中，去除那些短暂、表面、边缘、个例、特殊的"浪花"，描绘出一幅洋流图。例如，曾经有人用"狼文化"形容华为的企业文化，这显然就是把一些表面风格，误认为华为企业文化的主体。这种"去除浪花绘制洋流图"的方法，在统计学上对应的就是消除系统噪声而发现趋中性的方法。得益于任正非的思想在总体上和主体上的一致性，本书顺利地发现了任正非哲学的洋流图。

正如海洋中不只一条洋流，任正非的哲学也不是单一的，而是存在层次不同，作用各异，互相关联、影响、促成，又并非线性一一对应的丰富性。本书基于对任正非哲学中不同流向的"洋流"的解析，也对它们之间互相影响而形成的逻辑、因果及结构关系进行了梳理和重建，尝试勾勒出一幅包括其核心思想及其相互关系的全景图。本书当然不会宣称这样一幅全景图准确而全面地描绘了任正非的哲学，因为这相当于把一个复杂多变的系统用一个极其简化的截图进行解读，是对被解读对象的蔑视；同时，哪怕是对画面的构成要素有所共识，但不同作者的构图方式也可能大相径庭，因为构图体现的是作者的认知水平、表现能力，以及个人特色。尽管如此，本书构造出的全景图，在对任正非哲学的总结上和大的模块上不会有大的偏离。我们认识到，只要不试图挂一漏万地摘取某个特点加以发挥，把错综复杂的管理实践和思想，浓缩为鲜明有余而失之偏颇的管理秘籍，那么大多数读完任正非自1987年以来的语录和文章的人，都能提炼出与本书接近的解构素材清单，并发现本书的参考价值。而对于众多愿意了解和学习任正非管理思想的企业家和管理者来说，本书可以帮助他们看清任正非管理思想的全貌和主要脉络，成为进一步学习和研究任正非管理思想的起点。

目 录 ▶ CONTENTS

第一章　世界观：任正非如何看待世界　| 001

  01　人类社会的整体性　| 003
  02　人类社会的进步论　| 011
  03　人类发展的不平衡状态　| 018
  04　中国和华为的奋斗方向　| 025
  05　爱国主义　| 032
  06　掌握自身命运的必要性　| 036
  07　世界观总结　| 045

第二章　方法论：华为应该怎么办　| 047

  01　实事求是：统领性原则　| 049
  02　专注：生存之道　| 054
  03　冷静判断与危机意识：持续生存之道　| 063
  04　奋斗精神：内部文化　| 071

05	不屈不挠：对外精神		077
06	学习与积累：发展之道		083
07	投资未来：持续发展之道		088
08	合作共赢：对外战术路径		094
09	提高管理效率：对内战术路径		097
10	方法论总结		111

第三章 管理哲学：灰度中的平衡 | 113

01	坚持 vs 变通		120
02	专业化 vs 实用主义		130
03	今天的生存 vs 明天的发展		143
04	自主自强 vs 合作共赢		152
05	专注主业 vs "备胎"计划		159
06	创新变革 vs 稳定改良		167
07	专业性 vs 主人翁精神		173
08	利益 vs 情怀		183
09	管理哲学总结		187

第四章 任正非哲学重构 | 189

01	要素重构		191
02	华为现状		195
03	对任正非哲学的评价		206

附录 1 任正非语录出处 | 209

第一章 世界观

任正非如何看待世界

HUAWEI

01 人类社会的整体性

人类社会是不是一个整体？

在大航海时代开启之前，这是一个不存在的问题，因为那时并不存在对"人类""人类社会"及其外延的真正认识，存在的只是自然家庭、氏族、宗族、族群聚落、民族、基于血缘传承及联姻而形成的国家等不同层面的人群社会。

工业革命以后，世界进入殖民扩张时代，血腥的奴隶贸易，强迫劳动体系，以武力为基础的侵略和战争扩张成为常态。随之出现了种种理论，以及社会上不同程度的反思。第二次世界大战结束之后，全球开始慢慢达成共识——人类社会是一个整体。联合国及各种国际组织的组建和运作，让国际间的沟通、协调、管控、发展、援助、交流成为可能，尤其是全球经济和贸易的飞速发展，极大促进并深化了全球各国之间的交往，形成了全方位、全领域、多层次、高密度的人类利益共生网。人类社会，至少是那些没有主动封闭自我的种族或国家，形成了一个真正意义上的整体。当然，国家间的竞争、对抗和战争仍大量存在，但它们都是在"人类社会是一个整体"的共识框架内发生的。

为什么这么说？第一，相互竞争、对抗、开战的双方，都会不遗余力地向国际社会宣传和证明己方诉求和行动的正义性和合理性，以寻求国际社会的理解和支持；第二，双方的目标，都是在战胜对手后，在国际社会中争取到一个更有利的位置，而所谓更有利的位置，无非就是在人类社会这个整体之中，具有更高的话语权，实现更大的价值、产生更强的影响力。而这些无疑都是在加强这个整体的实力，强化这个整体存在的价值，并进一步固化人类总体观的理念。

信息技术的迅猛发展，不仅成为上述趋势得以继续发展的有力工具，而且也构成了这种发展的催化剂。在某种意义上，信息技术的发展本身就是上述趋势持续深化的最大动力。在信息技术的帮助下，人类社会，包括其中的个体，从没有像今天这样，彼此靠近、彼此熟悉。无论是新闻还是娱乐，无论是商品还是文化，无论是技术还是发明，无论是潮流还是学术，只要有意愿，每个人都可以接触到最新的资讯，并借助资讯帮自己作出分析和判断，引导自己的工作和生活，规划自己努力的方向，收集感兴趣的资料并进行相关研究，从而释放自己的潜力。

在超越个人的层面上，不管是公司还是其他组织，不管是地区还是国家，人类社会这个大背景不可或缺。

一个没有全球视野的公司或组织，要么不会取得大的成就，要么会面临不知来自何方且激烈度无法预测的竞争，随时存在被初来者碾压直至倒闭的风险。而一个没有全球视野的地区或国家，更加缺少生存的可能。即使个别看上去极为封闭的地区，也仍在人类整体观的框架内，在全球各方势力的博弈中寻求平衡和生存。正是人类整体观的共识，给了他们在地缘政治夹缝中坚持自身发展特色的国际环境。一旦整体观的共识不存在，人类社会分裂所形成的价值观和实力处于真空地带，就极有可能迅速裹挟并吞噬掉他们。

基于信息技术的广泛应用，人类社会的整体化不再是一种趋势，而是一种事实。

如果说对人类整体的认识及认可是当今世界主流共识的话，我们可以说，任正非在数十年来体现出的对人类整体观的认识和认可，比起主流共识，更为坚定而强烈。

作为中国改革开放后开始创业、充分享受了全球化红利的受益者，任正非表现出这种认可似乎不言而喻；再加上作为一名共产党员，他在政治理念上和信仰上具有人类整体观的倾向，也是自然而然的。但我们发现，任正非对人类整体论的信念其实并不来源于此，而是来源于更早形成且有更深刻基础的世界观，来源于他的独立思考和哲学气质。他后来的经历和成就，不过是进一步验证、强化、勃发了他的这种世界观。

简言之，任正非对人类整体观的认识和认可，是他政治信仰、商业实践、人生路径选择等的内因。

站在一家企业的角度上看，"把人类社会视为一个整体"从技术层面来说，有多重含义：

在定义市场的外延上，它意味着要把全球各国都当成市场，而不是把国内市场理所当然地作为主要市场；在供应链的全球布局上，它要求企业选择那些能够提升产品和服务效率的供应商，以此提高自身的盈利能力和增长空间，而不是基于爱国情怀而扭曲供应网络或降低供应效率。

在人才选择上，它需要企业在全球范围内发掘和培养人才，让人才为己所用，而不只是把目光局限于本土资源；在文化适应性方面，它决定了要包容文化多样性，对不同文化给予尊重，并基于不同经营环境中的文化特色，辅以相应的经营策略；在管理上，它还要求企业从效率出发，采纳全球最先进的原则、手段、工具、流程等，与时俱进，自我变革，避免把特定地区、特定时期的成功经验，当成放之四海而皆准的方法，推广到其他区域。

在接触到世界先进文化和领先技术后，任正非几乎是敞开怀抱，毫无保留的。产品和服务的全球化供应和销售，人才和管理的国际化，在他的管理实践中，在华为的商业实践中，体现得非常鲜明而坚定。

"把人类社会视为一个整体"从企业文化和价值观层面来说，意味着以下几点：

首先，它要求企业具备开放和包容的精神，在保证企业生存、不危及企业发展核心竞争力的前提下，要打造针对供应商、客户、合作伙伴、经销商、终端消费者等利益相关者的开放体系，而不是把自己的运营变成闭环，排斥外界利益相关者的接入。这对企业来说是一个很高的要求，因为这意味着企业不仅要具备决定自身命运的核心竞争力，否则外界的利益相关者就不会有接入和合作的动力，而且还要具备一些包容外界接入者的冗余能力，毕竟做好各种接口，少不了企业资源的持续投入和维护。

其次，它要求企业具备分享和共赢的心态，和外界的利益相关者分享利益，而不是只寻求自身利润和利益的最大化。持续盈利是企业生存的基础和本分，但在分蛋糕时要抵挡住急功近利、唯我独尊的诱惑。只有把所有利益相关者的蛋糕做大，才能保障各方持续获利，并在长期，实现社会总体利益的最大化。

最后，它还要求企业从更高、更长远的角度来看待同行竞争，把竞争对手既当作对手，更看作共同为全人类服务、一起做大市场蛋糕的利益共同体。唯有这样，才不会采用恶性竞争的手段，互设陷阱、互相拆台，从而避免把资源和效率浪费在防守型的消耗中。

从本质上说，具有全球性影响力的企业，只有超越简单的行内竞争，把目标设定在为全人类服务的宏观背景之中，才能有效预防并避开市场竞争的"囚徒"困境，并与竞争对手共同打造出相互成就的良性竞争生态。

我自始至终支持全球化，只有全球化才能做到优质配置资源、为客户提供优质服务，全球化经过几十年努力，是来之不易的。产生一种新的市场分裂对美国不利，毕竟美国是目前全球化高科技能力最强的国家，也是全球化高科技市场格局里既得利益最大的国家。

在华为遭遇美国全面制裁和围堵时，任正非在接受美联社采访时仍然坚持要全球化。

我们最终还是要走向全球化的体系,遇到美国的障碍是很正常的……我们今天的创造发明不是以自力更生为基础的,我们是一个开放的体系,向全世界开放,而且通过互联网获得巨大的能力,华为也获得巨大的基础。

我认为我们没有竞争对手,我们主要是和大家联合起来服务人类社会,所以我们的伙伴越多是越好的,而不是我们一枝独秀。但不是说我们很谦虚,用自己的死亡变成肥料来肥沃土壤,让别的庄稼长得好一点。所以我们自己要活下来,别人也要活下来,共同为人类信息社会作出合理的贡献。若要明确一下我们的竞争对手,那就是我们自己的惰怠。华为立志:把数字世界带入每个人、每个家庭、每个组织,构建万物互联的智能世界。一家独大,不管是在国家层面还是在行业层面,都无法取得平衡,都无法实现为人类服务的终极目标。

作为一家具有全球性影响、在多个国家提供产品和服务的ICT(信息与通信技术)市场参与者,华为具有特定的市场优势地位,有机会通过全球各地的运营商和合作伙伴网络,为全世界的终端消费者提供信息传输服务。同时,通过自己提供的产品和服务,华为可以帮助终端消费者提升信息和内容获取的便利性和快捷性,从而提高他们的生活体验和工作效率。

从某种意义上讲,为全人类提供服务,不仅能给企业创造盈利和发展的巨大机会,也是对一家具有全球视野和影响力的企业,在道德伦理上所提出的要求。业务的可持续发展，唯有以整个人类的需求作为最大的边界，才能得到最大保证，且才有可能挖掘出企业前进的最大潜力。因此，为全人类服务，既是企业盈利的保证，也是人类整体观的伦理要求。

人类社会最主要的目的是创造财富，使更多人摆脱贫穷。社会一定是要合作共赢的，每个国家孤立起来发展，这在信息社会是不可能的。在工业社会，由于交通问题、运输问题形成了地缘政治和地缘经济，一个国家可以单独做一台缝纫机、拖拉机……在信息社会，一个国家单独做成一个东西是没有现实可能性的。所以，全世界一定是走向开放合作，只有开放合作才能赶上人类文明的需求，才能用更低的成本让更多人享受到新技术带来的福祉。我认为，人类社会还是要走向共同的合作发展，这才是一条正确道路。

2008年的次贷危机是逆全球化的开始。当时任正非表示："经济全球化是美国推出来的，美国最后看到经济全球化对美国不利，因而退回贸易保护主义，但是保也保不住，经济全球化这个火烧起来了，就会越烧越旺。"

2013年，任正非接受法国媒体的联合采访，其中《回声报》记者David Barroux问："在法国和欧洲越来越有保护主义呼声崛起，特别是针对中国针对电信企业，您是否担忧？对华为是否有影响？"任正非回答说："我对任何一种保护都不担忧。谁也阻挡不了这个社会变成信息社会。信息流的增长速度非常非常快，并不以人们的意志为转移。当流量越来越大时，主要看谁能解决疏导这些流量的问题。我认为只要有流量就有希望。当前,在疏导流量方面,华为的能力是强的。所以无论你愿意不愿意,可能都要采用华为的设备。"

人类整体观在经济领域中的体现就是经济全球化。作为受益者的华为,在目前经济全球化因美国的收缩和自保政策而有所退潮的时刻,坚持高举全球化的旗帜并坚信这面旗帜,会在波动和反复中继续飘扬。

经济走向全球化是西方社会先提出来的,我们认为这个口号非常正确。但是,在全球化的过程中会有波澜,波澜出现以后,我们要正确对待,用各种法律和规则去调节、解决,而不是采取极端的限制。人类文明的进步,往往是科学家有了发现与创新,政治家有了领导与推动,企业家有了产品与市场,全人类共同努力,形成新的财富。

02 / 人类社会的进步论

人类从工业革命以来的发展历程，也是对自身生存环境产生越来越大影响的过程。

随着农业生产效率的提升，尤其是得益于国际间农产品贸易的便利，不同地域在比较竞争优势理论的驱动下，形成了农产品在研发、生产、流通及消费各个链条上的国际分工，并大大提高了整个人类的农业产出效率，实现了人口的高速增长。

联合国统计数据显示，世界人口从10亿增长到20亿用了一个多世纪，从20亿增长到30亿用了32年，而从1987年开始，每12年就增长10亿。联合国发布的《世界人口展望：2015年（修订版）》报告指出，世界人口将在2030年之前达到73亿，2050年达到97亿，2100年达到112亿。

事实上，人口增长的真实速度比2015年的预计要快得多。随着人口的急剧增长，人类对生活有了更高的追求，而这又给人类带来了新考验——全球能源产销、环境和生态保护、气候变化管控、疾病防控、经济均衡发展、财富合理分配……如何协调和管理这些领域的国际合作,正面临着前所未有的挑战。

除此以外,人类追求更好的生活,主要依靠什么实现呢?科技创新。正如核武器的出现使人类拥有了可以全面毁灭自身的能力一样,新的科技进步,在提高生产效率和生活便利的同时,往往也放出了"潘多拉盒子"里的恶魔。例如,人类对核能的利用存在高风险,基因科学在深度应用中面临着伦理挑战,这些都可能让人类毁灭自己。再如,人工智能发展失控的风险,也让我们看到了新技术反而有可能封堵人类的发展路径。

物理学家霍金就曾多次表达对人工智能发展潜在风险的担忧,他曾说:"强大的人工智能的崛起,要么是人类历史上最好的事,要么是最糟的事。我不得不说,是好是坏我们仍不确定……在人工智能从原始形态不断发展,并被证明非常有用的同时,我也在担忧创造一个可以等同或超越人类的事物所导致的结果:人工智能一旦脱离束缚,以不断加速的状态重新设计自身,人类由于受到漫长的生物进化的限制,无法与之竞争,将被取代,这将给我们的经济带来极大的破坏。未来,人工智能可以发展出自我意志,一个与我们冲突的意志……长期担忧主要是人工智能系统失控的潜在风险。"

霍金认为,人工智能有可能导致人类文明的终结。事实上,在其去世前不久,他甚至认为这已经不只是一件可能会发生的问题了,而是要考虑会何时发生以及如何应对的问题。

随着不遵循人类意愿行事的超级智能的崛起，那个强大的系统会威胁到人类。这样的结果是否有可能？如果有可能，那么这些情况是如何出现的？我们又应该怎样去研究，以便更好地理解和解决危险的超级智能崛起的可能性……但是人工智能也有可能是人类文明史的终结，除非我们学会如何避免危险。我曾经说过，人工智能的全方位发展可能招致人类的灭亡，比如最大化使用智能型自主武器……科技已经成为我们生活中重要的一部分，但未来几十年里，它会逐渐渗透到社会的每一个方面，为我们提供智能的支持和建议，在医疗、工作、教育和科技等众多领域。但是我们必须要确保是我们来掌控人工智能，而非它掌控我们。

在面对这些潜在的巨大风险时，任正非表现出了一贯的坚定乐观。他对人类发展进步的步伐和自我管理的能力深信不疑，相信以全球化为代表的世界经济大势不会改变，纵使有以美国为代表的经济保守主义在全球范围内掀起回潮，纵使全球化的浪潮在过去几年在美国的主导下有所减弱，纵使华为本身正在承受种种反全球化政策的挤压和打击，纵使人类对新的科学技术的研究和应用确实在一定意义上把整个人类带进了前所未有的未知领域，任正非对人类整体进步趋势的信心未曾稍减。

我认为对负面的东西不要担忧过多，担忧过多会抑制科学的发展……人工智能是造福这个社会的，不能害怕人工智能而阻碍发展……现在讲转基因，也就是编辑基因，编辑植物的基因大家不反对，为什么人的基因就不能被编辑呢？如果一个人有病没办法治疗了，把基因编辑一下可能病好了，当然，病好了几十年后可能会有后遗症，带来想象不到的病症，那总比当期就死亡要好。在不断的实践中，就找到了怎么治疗病症。

任正非认为，人工智能的发展，是无法阻挡的社会发展趋势。

人工智能的发展，我认为无论人们接受不接受，社会都会客观前进，除非建立一个中世纪政教合一的组织，坚决不允许做，才会做不起来。但中世纪那么黑暗，还出了一个哥白尼……在这个社会上有大量的重复劳动，这些重复劳动让机器完成，会比让人完成的水平更高。社会还有很多模糊的问题、判断不清的问题，由机器来处理，这就是脑力劳动自动化。人工智能，就像核电一样，会推动人类进步，都是好处大于害处……能源将来会成为人类文明发展的"瓶颈"，大家都怕核辐射，我们在世界上没有人的地方大量建核电站，用人工智能在那里生产，人都不去，那怕核能干什么呢？核是很恐怖的，但中国没在害怕，中国解决了能源问题。缺电以后生产力下降，收入降低，就没钱读书了，文化就降低了。文化降低，生产也跟着降低。生产降低，收入也降低了，最后由害怕变成落后国家了。

任正非对人类的未来充满信心，他相信人类不会自我灭亡，人类有足够的智慧和自律，找到利用和控制以人工智能和基因科学为代表的科学技术的平衡点，不会因科技的进步和发展，出现失控甚至自我毁灭的局面。

这种对未来的乐观精神，体现了任正非在总体上相信人类社会的进步趋势，即相信人类社会会越来越好、越来越强，无论对"好"和"强"如何定义。

面对未来人类社会，我认为是更美好的。大家从情感上产生对"人工智能代替人类"的恐怖，这是文学家想象的。但是社会有法律、宗教、道德、共同制约措施，让反人类的不正确现象不能发生或者发生少一点。我们认为，财富会越创造越多，不是越来越少……孩子应该是一代比一代优秀，否则不如倒回五千年前最好，其实五千年前太落后了，我们今天还是比五千年前好。再过两千年，我们现在发愁的问题就全都解决了。

这种面向未来的乐观态度，当然不可能是完全理性的，因为未来的发展不可否认地具有各种可能性。哪怕悲观的预测变成现实的概率再低，总有演化成事实的可能。正是对这种可能性，哪怕是微弱的可能性的担忧，才使众多优秀的头脑未雨绸缪，也使很多珍贵的资源被消耗在预防最坏场景的发生上。

但是，如果想把人生的潜力最大化地发挥出来，如果坚持从正面来创造，而不是从侧面来预防的角度，去选择人生和事业的路径，那么对未来的乐观精神就是生存和发展的必要前提。因为我们只有相信未来能找到解决之道，只有相信通过我们的努力，可以创造一个更美好的明天，我们才不会失去奋斗的动力和努力的方向。正如在企业管理中常说的那样：前进中的问题，会在发展中解决。这正是任正非的态度。

此外，任正非对人类未来的信心，除避开虚无主义和放任无为的态度之外，也是基于他对人性、理性的洞察。他从自己的人生经验中得出的结论之一是：人类有能力适应自己所处的环境，有能力对其加以改造，有能力通过妥协达成共识，有能力通过科技进步来化解累积的难题。而所有的这些能力，都是基于人类共有的生存和发展本能。简言之，人性本身，通过繁复多样的集体博弈机制，可以形成持续进步的基础。因此，任正非对人类明天的信心，既来自他本人生存和发展的需要，也是他对人性在集体博弈中的必然平衡所作出的洞察。

人类的持续进步，必然会通过持续创新和发展来实现。因此，企业不仅必须参与这种创新和发展，而且必须争取更快、更高质量地创新和发展，唯有在创新和发展中领先，才能保证自身的持续生存，从而使乐观不仅仅是战略上的精神，也是执行中的结果。

这就意味着，一个真正的乐观主义者，一定同时也是一个实干者和行动者。如果乐观仅停留在精神层面，它就会被抽象成宗教式的救赎；如果仅停留在口头层面，它就会变成自我麻醉和自我欺骗，从而不再是乐观，而是异化成迷信和无为。只有基于乐观精神，采取行动，投身于促成乐观愿景落地的实践，才能在逻辑上、心理上、因果关系上形成乐观得以存在的基础，验证乐观愿景的现实性，并形成乐观精神及其现实基础之间的正向反馈，从而使乐观精神成为一种理性的宣示，而不仅仅是信仰的赌博。

任正非的乐观精神，就是通过和实干结合，实现了其逻辑上的自洽，并在实践中得到验证和正向反馈，从而不断强化，成为一种智慧和洞察。他基于自身生存和发展的需要，基于对人性和组织机构发展和运营规律的洞察，把乐观精神和实干相结合，证明了自己乐观精神的理性和严肃性，也提供了又一个鲜明的乐观精神优越性的例证。

03 / 人类发展的不平衡状态

人类社会的整体性，并没有保证人类发展水平、生活水平、财富水平的均衡化和一致性。实际上，人类发展是动态互补的，具有不均衡、不公平、自固化的特点。在新技术的助推下，这种不均衡的态势有可能越来越明显。

我们看到，随着科技的迅猛发展，欠发达地区与发达地区之间的差距不但没有缩小，反而越来越大，甚至有可能固化下来。也就是说，欠发达地区可能永远追赶不上发达地区。造成这种现象的原因很多，解释的角度也很多，本书不试图展开讨论，但在理论框架上，我们可以用人类发展中的"马太效应"来加以描述。

"马太效应"理论由罗伯特·莫顿（Robert K. Merton）提出，莫顿认为，任何个体、群体或地区，一旦在某一个方面获得成功和进步，就会产生一种积累优势，从而有更多机会取得更大的成功和进步。应用到人类社会的发展上，我们可以发现，由于发达地区在收入、生活水平、医疗、教育、人权、体制等众多社会因素上的领先，欠发达地区的人才会流向发达地区，各种工业和消费资源也会廉价地流向发达地区，然后经过发达地区的加工生产之后，以高溢价的方式返销回欠发达地区，从而造成从人才到原料的单向虹吸。原料价格和成品定价之间的剪刀差，也会造成和固化财富的单向集中。这两种单向走势相结合，循环往复，地区之间的发展差距就会越来越大，并最终到达一个不可逆的临界点，在跨越这个临界点之后，欠发达地区将永久性失去追赶发达地区的可能。

当然，上述理论只是极度简化的模型，并不能全面反映人类社会中的真实情况。不同国家和地区，发展程度不同，时空条件各异，因此不存在统一的方程式来计算或预测其发展状态和趋势。

从一个国家的先天条件来说，国土面积、人口结构、自然资源、地缘政治环境、种族文化特点等天差地别。此外，外部因素的影响也大相径庭。比如，各种国际势力钩心斗角，政治、军事、派别、联盟、文化、种族等因素错综复杂，每个势力派别都有自己的动机和目标。再加上发展进程中的扰乱性变数和机会，像当年中东石油的发现、信息技术的应用、环保理念的兴起、人工智能的兴起等，以及诸如西班牙大流感、9·11、新冠疫情这类具有全球性影响的突发事件，都会给不同国家带来机会或挑战。

面对这些内外部因素，各方的反应机制、对策选择、应对手段，当然还有命运的眷顾和抛弃等人力所不可控的偶然性，都可能导致国家和地区间的重新洗牌。有时，短短10年到30年，也就是一代人的时间，人类发展的格局就会发生天翻地覆的变化。这种变化往往无法预测。比如，以色列的建国和崛起，日本战后重建，中国加入WTO之后的发展，委内瑞拉的经济重创，苹果公司的崛起，微信对中国人沟通方式的改造等，都属于在短时期内发生的剧变。

也有在较长的时期内，一般是跨越两代人以上的时间段内，人类发展面貌全面重塑。典型的例子如一战和二战中美国国力的提升，二战后东西阵营的对抗，中国改革开放后的发展，以及正在进行中的人工智能和基因科学的应用等。

作为后起力量，不管是作为一个国家的中国，还是作为一家企业的华为，都处在一个较为特殊的挑战和机遇窗口之内。

在过去的几十年间，中国和华为一方面都累积了足以进一步良性发展的实力基础，从而保留了持续发展、取得更高成就和更有利竞争位置的可能性；另一方面，在总体实力上又都存在欠缺和不足，尤其是在各种竞争要素（资源、人才、制度、生态等）的系统匹配和总体运行机制上，仍达不到足以保证正向反馈的可持续发展状态。因为这种正向反馈的可持续发展机制，需要一系列社会运营和竞争要素的协调和整体提升，不仅包括基础教育、人才培养、基础科研、产品开发，还包括知识产权保护、创新机制完善、文化背景升级、民众价值观塑造、对外的全产业链合作、对内的管理效率提升等各个方面。如果我们无法突破，就有可能陷入资源和投入的空转，并在能量消耗到一定程度后，陷入停滞和衰退。

因此，无论是中国还是华为，此时唯一的路径只能是奋起直追，在人才打造（教育）的基础上，紧跟先行者的步伐，避免差距的固化和加大，并争取择机、择域实现反超。

我们国家百年振兴中国梦的基础在教育，教育的基础在老师。教育要瞄准未来。未来社会是一个智能社会，不是以一般劳动力为中心的社会，没有文化不能驾驭。若这个时期同时发生资本大规模雇用"智能机器人"，两极分化会更严重。这时，有可能西方制造业重回低成本，产业将转移回西方，我们将空心化。即使我们实现生产、服务过程智能化，需要的也是高级技师、专家、现代农民……因此，我们要争夺这个机会，就要大规模地培养人。

这种情况下，就更凸显出包容和开放精神的重要性和必要性。哪怕在被对手围堵和绞杀的环境中，仍然要保持这种精神，坚持学习一切值得学习的对象，包括基础研究体制、产品与服务研发流程、管理手段、人才使用和激励体系、科研和商业化模式、规则与标准制定推广体系等。

任正非虽然对发达国家和地区基于技术实力的高溢价市场行为非常敏感和警惕，但是基于实事求是的精神，他并未对这种现象进行谴责，反倒给予了正面评价。

这次我们普遍认为，美国的教育文化水平很高，科学技术比较发达。不发达国家付出了大量的初级产品，只能换取发达国家的少量高技术产品。前者是随处可买到的，价格是有规律的，后者是独特的，价格是随意的，用以偿还开发生产中的风险投资及优秀人才的酬金，这并不是掠夺。

我们可以推论，任正非不大可能从内心认可这种劳动定价的巨大不平衡，但他的观点体现出了几个鲜明的特点：首先，是他对全球现有运行机制的认可和尊重，即一种实事求是的态度；其次，是他对技术实力的认可和尊重，他相信"科技是第一生产力"；再次，是他在高技术产品上学习领先者的决心；最后，则是他对通过不断学习和投资，华为也有机会通过这种高技术产品的高溢价，享受领先者利益的坚定。

当然，如果没有充分的技术实力的积累，没有为全球化的竞争环境做好实力准备，不仅无法享受这些溢价，反而会迅速溃败。

全球化是不可避免的，我们要勇敢开放自己，不要把自己封闭起来，要积极与西方竞争，在竞争中学会管理。10多年来，我们从来没有提过我们是民族的工业，因为我们是全球化的。如果我们把门关起来，靠自己生存，一旦开放，我们将一触即溃。同时，我们也要努力用自己的产品支持全球化的实现。

任正非认为以美国为代表的西方发达国家，之所以能在科技创新上形成优势，是有其机制上的优势的。而其中非常重要的一环，便是对知识产权的保护。

华为公司历来尊重别人的知识成果和知识产权，同时也注意保护自己的知识产权。华为真诚地与众多西方公司按照国际惯例，达成有关知识产权谈判和交叉许可，我们在多个领域、多个产品与相应的厂商通过支付许可费的方式达成了交叉许可协议。宽带产品

DSLAM，是阿尔卡特发明的，我们经过两年的专利交叉许可谈判，已经与其他公司达成了许可，我们会支付一定的费用，换来的是消除了在全球进行销售的障碍。经过努力，我们的 DSLAM 市场份额达到了全球第二。

华为积极看待自己在专利领域的付费。

国际市场是一个法治的环境，也是一个充满官司的环境，华为有了这些宝贵的经验，今后就不会慌张失措了。华为以后依然要在海外取得规模收入，如果没有与西方公司达成许可协议和由此营造的和平发展环境，这个计划就不能实现。我们付出专利许可费，但我们也因此获得了更大的产值和更快的成长。

随着华为自己成为行业专利创造和持有的领先者，它不仅没有依托于自己的专利库打造阻遏竞争对手的"护城河"，也没有把专利收费作为收割机，反而以更加开放合作的心态和策略，把自己的专利库变成全球性的行业能力的组成部分，积极促进健康、共赢的国际知识产权生态。

今天，由于技术标准的开放与透明，未来再难有一家公司、一个国家持有绝对优势的基础专利。这种关键专利的分散化，为交叉许可专利奠定了基础，相互授权使用对方的专利将更加普遍化。由于互联网的发达，使创造发明更加广泛化了、更容易了。我们充分意识到需要在知识产权方面融入国际市场"俱乐部"。知识产权是国际市场的入门券，没有它，高科技产品就难以进入国际市场。

任正非相信，知识和技术实力的积累是没有捷径的，需要我们在教育投资、人才培养、科学基础研究领域投入长期努力。走捷径不仅不可能成功，还有可能加速自身的毁灭。

我们应该走进新的未来时代，这个时代叫人工智能。首先，我们要强调工业自动化。工业自动化了以后，才可能走进信息化。只有信息化后，才能智能化。中国走向信息化，我认为还需要努力。中国的工业现在还没有走完自动化，还有很多工业连半自动化都做不到。这个时候，我们提出了类似工业4.0的方案，其实是超前了，最后也许会成为"夹心饼干"。其实我们国家应踏踏实实地迈过工业自动化……华为花了二三十年的时间，努力向西方学习，今天也不能说完全信息化了，因为我们端到端的流程还是打不通。我们考虑5年后，有可能走向信息化，能达到工业3.0这个状态。再花二三十年，华为才有可能向世界品牌迈进，因此这条路很漫长，太着急的口号可能摧毁这个产业。

04 中国和华为的奋斗方向

中国作为一个发展中国家，华为作为一家 ICT 领域的后起之秀，都需要投资教育和人才，向先进者和领先者学习，加快进步的步伐。国家实力或企业实力，归根到底是技术实力，唯有通过技术实力的累积，才能在全球化背景下及人类发展不均衡的状态中，提升各自的竞争优势和发展潜力，为人类的整体福祉和进步作出更大贡献。

任正非对美国及美国人民历来持赞赏态度，包括其技术实力、科技创新精神及其机制、产研销链条管理、知识产权保护、人才培养和激励制度、奋斗精神、管理模板和方法论等，在任正非看来，这些都值得我们学习。即使在华为被美国政府用非市场手段进行全面围剿的今天，任正非仍然对美国，尤其是对其高技术产品领域的领先地位、综合实力、创新精神、运行机制充满景仰，并继续义无反顾地号召公司向美国学习。这也体现出他三点清醒而理性的认知：其一，对美国教育文化水平的充分认可；其二，对产品技术含量差造成的全球财富分配差的认识；其三，对这种财富分配差的承认。

对美国人民的精神面貌，尤其他们踏踏实实的奋斗精神，任正非也十分欣赏。

美国人踏踏实实、十分专一的认真精神，精益求精的工作作风，毫无保守的学术风气，是值得我们学习的。美国人没有像中国人那么多远大的理想，也没有胸怀祖国、放眼世界的抱负，也不像我们那样充满幻想。这个民族踏踏实实、不屈不挠的奋斗精神是值得我们学习的。

美国人花钱和交友的风格，也给了任正非一些经营上的启发。后来华为的打法和成功，可以说体现了"美国人的风格"。也就是说，华为学会了任正非所发现的美国人成功的秘密之一。

1997年末，任正非访美回国后，于1998年2月20日在《华为人》上发表了《我们向美国人民学习什么》一文，这篇文章可作为任正非对美国人和美国社会的看法的一个全面汇总。他认为，美国的创新机制及对应的科技管理能力，是良性循环且难以复制的。

要学习美国人民的创新机制和创新精神……美国在这种创新机制推动下，风起云涌、层出不穷的高科技企业叱咤风云，企业不论谁死谁亡，都是在美国的土地上，资产与人才仍然在美国，破产只是拴住了法人，员工又可投入新的奋斗。这种从国家立场上来讲的宏观力量，永恒地代表美国的综合国力。由于信息产业的进步与多变，必须规模化才能缩短新产品的投入时间，而几万人的共识又易官僚。美国在科技管理上的先进也是逼出来的。发展中国家无论从人力、物力还是风险投资的心理素质来说，都难以胜任。如果发展中国家不敢投入信息产业的奋斗，并逐步转换成实力，那么美国的市场占有率就将从60%提升到70%、80%……它占得越多，你就越没有希望。

在技术实力之外，规模本身也能构成竞争优势，而规模的扩大必须通过提高管理水平来实现。因此，提高管理能力是发展和壮大的必选项。

规模是优势，规模优势的基础是管理……企业缩小规模就会失去竞争力，扩大规模，不能有效管理，又面临死亡，管理是内部因素，是可以努力的。规模小，面对的都是外部因素，是客观规律，是难以以人的意志为转移的，它必然扛不住风暴。因此，我们只有加强管理与服务，在这条不归路上，才有生存的基础。这就是华为要走规模化、搞活内部动力机制、加强管理与服务的战略出发点。

任正非强调，中国必须沉下心来发展教育，才能实现科技进步和领先，并最终复制美国的创新机制。

中国是一个大国，我们要像当年搞两弹一星那样，拿出伟大的气魄来，在经济上、科技上站起来。当前，应在教育上加大发展，普遍提高人民的素质，认真学习各国的先进思想，在观念上对自身实现解放。从事高科技的产业更应向美国人民学习，学习他们的创新精神与创新机制，在软件技术革命层出不穷的今天，我们始终充满追赶的机会。因此，中美之间的风风雨雨还会不断地出现，但不影响我们向美国人民学习他们的创新机制与创新精神，以促进我们更快地富强起来。

在对西方先进体系，尤其是管理体系的学习中，任正非特别强调了"系统学习"的必要性。所谓系统学习，就是不要试图从一开始就从本位出发、从现有的基础出发，打着文化环境不同、发展阶段不同、洋为中用、以我为主的旗号，或打扮成实事求是、有机结合的外衣，挑选部分模块，进行本土化改造或定制。

任何一套管理体系的成功，从分析和解构的角度来看，都可以拆分成各种零件或构筑模块，我们很容易推论认定，这些零件或模块可以像通用螺钉一样，任由我们自由地组合进我们现有的机器，并且发挥其优越的性能。这种推论，或者说这种"选择性拿来主义"的问题在于，它假设整体的构成模块可以单独使用到其他系统内，并发挥它在原有整体中体现出的功能。

然而，这种假设未必成立。即使是一个成功体系的发明者，也未必能精确地区分和量化每一个体系组成部分的价值，尤其是它们在共同运行时各自产生的价值高低。而且我们知道，一旦某个或某些构件发生变化，体系内其他构件的功能也可能会随之发生变化，结果就导致系统的总体功效发生不成比例的衰减，甚至完全失效。

简言之，一个系统的运行效率和效果，绝非其中各个构件功能的简单相加和连接，而更大可能是在此基础之上，系统整体性本身所产生的级放效果。这就好比一道菜肴的烹制，去掉某一种或某几种配料，做出来的菜绝不仅仅是少了这一种或几种配料的味道，而可能是整道菜味道的改变。而味道变化的程度，变了多少、变成了什么味道，很多时候无法基于数据作出精确预测。因此，除非已经充分掌握了这道菜的烹调技巧，一个学徒最好的学习方法就是遵循师父的教导，按部就班地去做。在完全掌握了烹调技巧后，才有资格对其进行特定目的的改进和改造。

这种照搬式的学习方法，表面上似乎有墨守成规、死板笨重之嫌，但是对一个认真的学习者来说，除非证明自己比学习对象在总体上掌握了更好的方法，否则看上去低效而死板的"生搬硬套"，比起那些选择性的拿来主义，往往学习效果更好。尤其是当我们在学习一个整体体系而非具体课题时，当我们无法判定和分解学习对象的优越性和有效性成分时，压制住自己想要对学习对象进行改造的诱惑，要对前期学习和应用效率低下抱有耐心，对陌生和艰难事物保持开放和包容的心态。学习意愿和决心决定了最终的学习效果和结果。

任正非在这方面表现出的洞察和决心，在整个中国文化环境中都难得一见。这首先来自他对企业自身整体管理水平的清醒认识，其次来自他对先进管理体系的欣赏和信心，基于这种判断，他才会坚定不移地学习和应用先进管理体系，并坚持全盘照搬，而不是选择定制。

华为公司从一个小公司发展过来，是在中国发展起来的，外部资源不像美国那样丰富，发展是凭着感觉走的，缺乏理性、科学性和规律，因此要借助美国的经验和方法，借用外脑……我们有很大的决心向西方学习。在华为公司，你们经调查会发现，华为很多方面不是在创新，而是在规范，这就是我们向西方学习的一个很痛苦的过程。就像一个小孩，如果在很小的时候，就为生存而劳碌，腰都压弯了，等长大了骨骼定型后改起来很困难。因此，我们在向西方学习过程中，要防止东方人好幻想的习惯，否则不可能真正学习到管理的真谛。

华为在学习先进者时，对学习对象完整而彻底地接纳，而不是打着"批判吸收、取其精华"等旗号，通过对学习对象的部分嫁接，组合成一个带有华为风格的新体系。这种学习态度，在华为向 HAY 公司学习人力资源管理体系时，体现得淋漓尽致。西方体系在中国企业能适用吗？为了彻底打消华为学员这种顾虑和抵制情绪，任正非亲自发声，强调"无条件接纳，不允许怀疑"，甚至说"宁愿换人，也不允许抵制"，措辞严厉，手段激烈，为 HAY 体系在华为落地生根保驾护航。

以美国为代表的西方国家，在创新和技术实力积累方面的先进模式，历来是为任正非所赞许的。他认为，知识产权保护制度是这种创新的前提和保证，因此他大力提倡学习这种知识产权保护制度。

任正非认为，可持续发展和可持续领先的根本动力，是技术实力的积累，而技术实力的积累，无非来自两个方面：一是来自自己投入、自己掌控的专利技术；二是来自全球性的开放和合作。

我们也充分认识到了基本专利的成长过程是十分漫长而艰难的，基础专利的形成要经历很长的时间，要耐得住寂寞，甘于平淡，急躁反而会误事。即使是应用型基本专利的成长过程也至少需要3～5年。我们一直倡导并建立了相应机制，鼓励板凳要坐10年冷；同时坚定地走出去，积极融入国际性行业组织中，广泛地与业界同道交流、合作、协调……继续反对盲目创新、反对小农意识、反对自我封闭、反对闭门造车；坚持合作与自研并重，在把握行业发展趋势的同时顺应业界的潮流、顺应相应的规则，厚积薄发、投放有序、广泛合作、优势互补，共同推进行业的发展和进步，构建良好的商业发展环境。

任正非历来强调全球范围内的开放、包容、合作、共赢，但是这些手段不能变成中国和华为放弃发展自身技术的借口。中国作为一个追求实现民族复兴大任的国家，华为作为一家追求在ICT领域为全世界人民服务的公司，通过学习，积累自身技术，追赶上并超越目前的领先者，是不言而喻的目标。

我们公司再穷，也要投资未来。我们公司有实力，对未来投资。教育就是国家的未来，我们投的科学是我们公司的未来。如果我们国家的中小学教育像日本、北欧、德国……一样，那我们还担心什么和美国竞争的问题呢？

05 / 爱国主义

华为的生存、发展、潜能、前景,离不开中国这个大背景,这是企业 DNA 的源头。全球性参与、国际化运营、世界级竞争,都需要中国作为背景和资源。

作为一个经历过新中国成立后各种起伏和变化的中国人,任正非一直有一个清醒的认识,那就是尽管华为一直立志成为世界级企业,以服务全人类为目标,但华为必须是中国的华为。对任正非来说,爱国既是他自发的情感,更是他自觉的理性。

华为以产业报国和科教兴国为己任,以公司的发展为所在社区作出贡献。为伟大祖国的繁荣昌盛,为中华民族的振兴,为自己和家人的幸福而不懈努力。

公司要求每一个员工,要热爱自己的祖国。只有背负着国家的希望……任何时候、任何地点都不要做对不起祖国、对不起民族的事情……要关心时事，关心国家与民族的前途命运，提高自己的觉悟……当前，我们要承认只有共产党才能领导中国，否则就会陷入无政府主义。一个高速发展的经济社会，没有稳定且强有力的领导、陷入无政府主义状态是不可想象的。

华为及其员工一直把爱祖国、爱人民、爱党作为自己的企业文化，把国家前途、民族命运、企业的兴衰、个人得失、家庭幸福看成一条生命链……新的世纪，命运掌握在中国人自己手里。我们只有作出实实在在的成绩，才无愧于这个时代，无愧于千百年来中华儿女国富民强的梦想。

任正非认为，在通过科技强国构建中国的国家安全的过程中，企业是责无旁贷的。

战争是流血的政治，政治是经济的最高组织形式。一切的落脚点都在经济强大的基础上。未来的国际竞争主体不是政府，而是企业。企业将担负起国际竞争的重担，可谓任重而道远。我们这一代青年人，应在中国共产党的领导下，踏踏实实地做好每一件事，韬光养晦，为民族振兴搬石头，垒国家强盛的大厦。只有国家强盛了，才不会受人欺侮。目前以美国为首的北约国家，凭借强大技术、经济实力，从市场上攫取巨额利润，并将部分转化成武器与军事实力，通过强大的武力巩固其经济利益。我们这一代中国人，就是要从振兴国家经济入手，通过科技强国，用二三十年时间，来构建国家的安全。

我有信仰，我信仰我们现在的国家。我们曾经认为资本主义社会可以极大地解放生产力，但我们发现了社会差距扩大后出现的问题……美国、欧洲、中国三大板块谁先崛起，以前我们也想不清楚。但我现在想清楚了，中国一定会先崛起。中国最近遇到的是中短期转型困难，长时间一定会解决的，后面会越来越发展强劲。

在美国对华为发起一系列围剿行动之后，尤其在任正非的女儿孟晚舟因此被扣留海外后，任正非依然保持了自己世界观和价值观的一致性。一方面，他仍然认可美国的领先地位，尊重美国的科技实力，赞赏美国的创新机制，坚持经济全球化，提倡开放和包容、追求学习和知识积累，排斥狭隘民族主义；另一方面，他也明确反对把中国政府与华为捆绑在一起，来换取华为在美国围剿的严峻形势下的喘息机会。

2019年8月20日，美联社Joe McDonald在采访任正非时问道："特朗普总统之前也暗示过，如果中国政府愿意在贸易协议上跟美国达成某种程度上的共识，他不会对华为下狠手，把华为从实体清单上拿掉，或者进一步改变您女儿的状况。您对特朗普总统的表态是怎样的反应？他似乎把华为作为中美贸易谈判的棋子或筹码，对这个表态您什么反应？"

任正非回答说："如果通过华为这枚棋子能解决问题，听起来是好的，但是要国家为我们华为作出让步，我是不会去推动的，这是国家与国家间的问题。我们毕竟有钱，还能扛得起打压，但如果要牺牲中国老百姓的利益来拯救华为，我良心上过不去。所以，我认为我能坚持多挨打几年，包括我女儿也能多受一些罪，但不能把中国的利益让给美国。"

华为的生存，不需要通过交换或牺牲国家和民族的利益来换取，任正非也不会接受这类交易。与其说这是华为和任正非基于企业生存能力的底气，不如说这是任正非在涉及国家利益时的骨气。这种骨气，无疑是源自他的爱国主义。

我不会去求中国政府给美国好处，放华为一马。不放一马，我们就发展慢一点，孟晚舟多受一点苦难，但是对中国、对人民有好处，我心里就舒服一点。如果国家牺牲过多的利益去换取华为的生存，我总觉得对不起自己的国家。美国认为5G技术对美国安全有威胁，我们可以对美国公司完全转让5G技术和生产工艺体系，让美国在5G基础上开发6G，缩短美国的技术发展进程。这些我都愿意做，因为这牺牲的只是华为的利益，不用牺牲中国政府和老百姓的利益。否则，将来我走在街上，别人会骂我的。

06 / 掌握自身命运的必要性

全球化的发展，在 2008 年美国次贷危机前后达到顶峰。从那之后，美国发起并主导了逆全球化，并从 2015 年开始，从战略、政治、军事、经济，尤其是高科技领域，对中国展开全面遏制和竞争，并屡屡采用一些违背其自由主义传统的手段。我们现在正处于这样一个持续进展的阶段。

虽然时至今日，尚不能断言全球化趋势是否会终止，甚至逆转，但不可否认的是，美国国策的转变，给中国的持续发展带来了新的压力，并有可能促使中国做出被动的改变。

在这一大的背景下，作为具备全球影响力的中国高科技消费类产品领域的一面旗帜，华为受到了美国及其部分盟友直接、持续的制裁和围堵。美国在芯片设计、芯片生产、操作系统授权、5G 市场准入等几乎所有环节对华为猛下重锤，试图将华为的生存空间压缩至最小范围。美国对华为的打击范围之广，打击力度之强，历史上绝无仅有。

然而，华为并没有像美国和市场预测的那样应声倒下，而是凭借自己多年来的"备胎"计划，通过以海思软件、鸿蒙操作系统为代表的技术储备，顽强地承受着美国的打压。这场事关华为存亡的制裁和生存之战仍在进行中，我们难以准确预测其最终结果，但我们可以确定的是，华为不会因此被击溃而彻底退出市场。

这场斗争，既验证了任正非多年来坚持建设战略预备能力的远见和智慧，也必然会强化华为在事关生死存亡的核心技术领域掌握自己命运的决心。在这个当口，这也再次提醒我们那条中国历来坚守的国策——自力更生。

华为必须通过在 ICT 领域的投资和布局，掌握全球领先的科学和技术实力，实现科学理论、技术和专利储备、人才储备、产品和服务从概念到售后的全流程控制，持续研发后备方案，主动打造行业生态，辅以必要领域的冗余能力，从而把命运握在自己手中。

基于亚当·斯密（Adam Smith）的绝对优势理论和大卫·李嘉图（David Ricardo）的比较优势原理，出现了众多的引申和细化学说，其中包括艾利·赫克歇尔（Eli Hecksher）和波提尔·俄林（Bertil Ohlin）提出的生产要素禀赋理论。迈克尔·波特（Michael Porter）在其基础上更进一步，提出了国家竞争相对优势理论。

所有的比较优势理论都认为：在互相交易的地区和国家之间，其中每一方都有可能且应该集中生产自己具有相对比较优势的产品，并因此从贸易中获取自己利益的最大化。

但从结构上说，这些理论存在两个无解的漏洞。本书并不试图对理论进行剖析，而只是想看看这两个漏洞在任正非的理念中是如何体现的。

比较优势理论忽略了信息充分披露在交易定价中的决定性意义。

有这样的一个案例，最早一批到达南太平洋岛屿和美洲的航海家，可以用工业化日用品（如玻璃瓶），来换取土著的贵金属（如黄金）。对双方来说，这是双赢，因为彼此都通过交易，获得了自己需要的商品。

然而，这种交易的不公平性在于，航海家回到祖国后，面对的是一个对黄金定价有充分效率的欧洲市场，他们付出的是成本极低且几乎可无限生产的玻璃瓶。但土著付出的是存量有限且难以量产的黄金。即使土著可以轻松获取黄金，甚至比航海家获取玻璃瓶更为便捷，这种交易也是不公平的，原因在于，航海家是基于有效市场的全面信息而参与交易，他们通过交易得到的商品，可在全球市场（那个时代的欧洲市场，我们权且认为是全球市场，至少是其主体吧）进行再次交易，从而赚取超额利润。反观土著，他们交易得来的玻璃瓶，自用为主，即使交易，也只是在有限的区域内进行，无法通过有效市场来实现价值发现。

因此，只有保证所有市场参与者（在本案例中，是指欧洲市场的所有交易者）都有机会参与同土著的价格谈判中，或是土著知晓全球市场交易中的交易价格时，价格谈判和交易才是公平的，否则就是一方利用另一方无法获取信息的劣势进行的掠夺行为。

比较优势理论忽略了交易执行的有效保证。

我们沿用上述案例继续进行分析，即使航海家和土著达成了公平的定价，双方各取所需，可还是会产生另外一个漏洞。假设航海家按照某个价格和土著交易，到了某个时候，航海家发现，只有他们才有能力在欧洲和土著居住地之间通航，他们可以利用这种交易执行能力上的不对称，威胁土著大幅降低黄金价格。而土著也明白，如果自己不妥协，则手中的黄金就没有贸易价值，于是就只好就范。

总结上述案例，我们会发现，第一个漏洞是航海家利用了信息不对称，而第二个漏洞是航海家利用交易执行能力（运输能力）的不对称，这些做法都破坏了价格发现及价格向合理区间回归。在合理的结构中，这种交易执行的能力，应该属于立场中立的第三方，而不是交易的参与者。只有由中立的第三方提供的交易执行服务，才能保障公平，且这个提供交易执行服务的第三方，必须足够强大，强大到可约束和要求交易各方遵守共同规范，才能使这种保证持续有效。人类交易中，早期的各种行会、现代的各种国际组织和国际行业协会，尤其是以 GATT/WTO 为代表的国际贸易协调和仲裁机构，以及 WTO 层出不穷的替代者，如区域全面经济伙伴关系协定（RCEP）、跨大西洋贸易与投资伙伴关系协定（TTIP）、各种自贸区等，扮演的就是这种强力第三方的角色。

上述两个漏洞，使国家层面的比较竞争优势理论难以成立。尤其在大国间，它们本身的体量决定了在事关国家存亡的紧要关头，不可能存在可以通过强力来约束它们的第三方。它们本身可以自主决定是否按照协议执行交易，或者是否按照和平时期的交易惯例进行交易。

全球贸易发生的规模和频率深刻改变了人类的生活。随着现代沟通工具和技术的普遍使用，今天的国际贸易不仅可以做到充分披露定价时的信息，而且可以对即时价格的变化做出反应。大宗商品期货交易的形成和发展，更加促进了价格发现的高效实现，并且极大地降低了价格波动对交易者收益的影响。这样，从生产到消费的全链条上，价格波动不会对生产意愿、交易保证、消费预测、计划精度及产业周期规划产生不利影响，从而在基础上堵住了上述第一个漏洞。但第二个漏洞仍然存在，且随着近年来经济保守主义的回潮，尤其随着美国公开执行"美国优先"政策并针对中国进行围堵和遏制，这个漏洞的影响力和杀伤力日益增大。它已经从一种理论上的潜在可能，变成了一种事实上的存在，而且正深刻影响着世界上两个最大经济体（中国和美国）之间的关系，逼迫着双方修改未来发展路径，重塑全球贸易格局和产销链条。

全球各国因为遵循国家间比较竞争优势的理论，集中精力和资源来发展自己的强项，并依靠全球化背景下的互补性贸易来补充自己忽略的产业领域，使人类整体在二战后直到2015年前后的时间范围内，充分享受了这个理论在实践中带来的利益及其高速增长。

在此期间，作为最大的以及最终的受益者，美国事实上扮演了强力第三方的角色。虽然它既是运动员又是裁判员，有时候为了保证自己的利益，会做出背信或霸主行为，干扰其交易保证者的中立性，比如它取消美元和黄金挂钩，强迫日元升值并阉割其经济独立发展的可能性，大量通过制裁来实现政治目的等。但总的来说，考虑到这个全球贸易的结构设计有利于其自身发展和国家交往中的国际伦理的无形约束，并为了维护国际形象以此提升国家综合实力及国际信用，美国还是履行了这个强力第三方的职责。

不过随着国际贸易情况的变化，美国的态度也发生了巨大转变。随着美国实体产业的衰败和外迁，金融产业的过度活跃及其对实体经济的背叛，美国不得不面对的现实是：整个国家缺乏新的经济增长点；对国家安全的过度追求，又让自己被战争拖累；国家生产效率提升速度放缓，财政收支不平衡加剧，国内政治斗争愈演愈烈，政治生态剧烈变化。

种种原因，都让美国开始反思并逐步明确，自己已无法从全球化中受益。于是，2015年前后，美国开始发起逆全球化进程，推出了诸多措施，包括订制化的双边贸易谈判，让传统产业回归美国，通过政治和行政工具改造全球科技实力分布，从经济自由主义向保守主义转变等。而这一切的改变，都伴随着美国一个定位上的重大转变：它主动放弃了自己全球交易保护者的角色。其中最显著的、最集中的、最高频的、最核心的行动，就是在面对中国时，美国彻底不再当"裁判员"了，而是全力维护自己"运动员"的身份，采用经济活动中的丛林法则，与自己的对手竞争。

俄乌战争后，美国对俄发起制裁，似乎暂时转移了对中国的关注。但除去其应对突发危机时的无奈，中国仍然是美国的首要战略遏制目标。

美国制裁俄罗斯的很多方案，比如把俄罗斯踢出SWIFT系统，冻结和剥夺对方国民的私有财产，不加区别地限制对方公民的自由和权利等，无一不是在公然破坏它自己一手搭建的国际金融、贸易、交流体系的公用设施及游戏规则。可以说，全球化从其诞生以来，从未面临过像今天这样体系崩溃的风险。也就是说，国家层面的比较竞争优势理论，由于上述第二个漏洞的出现及其被主动放大，基本处于被证伪的境地。

面对这种国际贸易规则和惯例随时可能失效的境况，一个有分量的国家，不可能再把自己的命运放置在竞争优势的信仰之上。同样，一个眼界远大的企业，也不可能把自己的命运放在对企业相对竞争优势的全盘依托之上。

随着自身经济体量的增长，中国已不可能指望有强大的第三方在紧要关头来主持正义了。中国只能依靠自身的实力来把控自己的命运。而华为，作为一家企业，在被美国全面围剿的紧要关头，也不可能指望任何第三方来为自己主持正义，也只有通过自己的"备胎"战略，积极自救，并通过对自身科技实力的持续打造，实现可持续发展。

因此，无论对于中国，还是华为，一方面我们要坚定不移地保持开放、包容、合作、共赢的心态，不忘为全人类服务的初心；另一方面，我们也必须坚定不移地建设和发展自身，积累知识、增强实力，把长期发展的保障握在自己的手中，掌控自己的命运。因为唯有生存下来，才有可能抒发自己的情怀，实现自己的愿景。

华为的"备胎"战略，说明任正非认识到了比较竞争优势的潜在漏洞，而华为目前所面临的困难局面，说明任正非和华为对这种漏洞被利用的力度判断不足，没有预判到美国会对华为进行如此全面而坚决的围堵。其原因是多方面的。唯有站在今天回顾过往，我们才能发现，美国政府在遏制以华为为代表的中国科技实力时，其决心和力度如此之大，以致两国正逐步走向全面脱钩的道路，而这在3年前还是不可想象的。另外，华为在自主能力的储备上，很难做到面面俱到，只能集中资源发展其核心能力，而忽略一些边缘配套能力。

我们打开国门，实行改革开放……希望通过以市场换技术的方式，尽快振兴民族工业……在缺少市场法规的情况下，就大大开发了市场……被外国资本分割利用，使中国市场出现混乱，就如同没有裁判的球赛……曲折的经历、15年摸着石头过河，使我们懂得了一条真理：只有自己才能救自己。从来就没有什么救世主，中国要发展，必须靠自强……中国人终于认识到，外国人到中国是来赚钱的，他们不肯向中国人兜底。他们转让技术的手段，就是希望你引进、引进、再引进，最终不能自立。以市场换技术，市场丢光了，哪一样技术真正掌握了？从痛苦中认识到：倘若没有自己的科技支撑体系，工业独立就是一句空话。没有独立的民族工业，就没有民族的独立。

任正非对通过技术积累来掌握自身命运的坚定信仰，和他提倡开放、合作并不矛盾。前者是不言而喻的基础，后者是基础之上顺理成章的选择。唯有操之在我，才能合作共赢。

2019年8月20日，美联社Joe McDonald采访任正非时问："面对美国的压力，华为如何调整自身的研发策略？假设实体清单和相应的限制长期存在，华为将不得不在部件上实现自给自足。那么，华为需要在哪些领域实现自给自足，或者不依赖美国供应商？如何实现这一点？"

任正非回答说："美国的实体清单是不可能撤销的，因为美国不可能有一个人站出来高呼要撤销对华为的实体清单。所以，我们做好了实体清单长期存在的心理准备。从短期来说，我们要补足一些缺陷；从长期来讲，面对未来发展，我们还是要眼光远大，加强国际合作，坚决支持全球化下的分工合作，在人工智能、云等新技术方面取得成功。如果在新技术上不成功，我们可能会被边缘化。如果美国在科技上和中国脱钩，我们可能不容易获得美国一些先进要素的支撑，这就需要中国的科学家和科研机构多努力才行。"

07 世界观总结

在总结任正非世界观的时候,我们虽并未试图在其世界观之间建立内部的联系,并把它们组合成一个严密而有机的整体,但当我们回头审视时,发现还是可以找到它们之间的相关逻辑的。我们并不期望实现格式、顺序、内容上严格的一一对应,毕竟我们也不认为任正非的世界观具有这种结构上的完整性和内容上的严谨性,因为作为企业家的任正非,既没有从学术上建设其世界观的出发点,更没有在世界观形成之后证明其完整性和严谨性的需求。我们只是想通过在其世界观内容之间试着搭建某种大致结构,帮助读者更直观地了解任正非的世界观。

这个结构的底层基础包括人类进步观和对人类发展不均衡的判断。这两个观点构成的基础,共同推动另外两个观点的形成——人类一体观和爱国主义。人类一体观又推动了通过开放包容精神实现合作共赢,从而为全人类服务的奋斗方向;而在爱国主义驱动之下，通过积累知识和技术实力，中国和华为都应实现对自身命运的掌控。

如果用一幅图来体现的话，大概如图 1-1 所示。其中横向的三组概念之间，看似矛盾对立，但却相辅相成、缺一不可。它们相互间不同的驱动方向，既构成了向内的张力，也构成了对外的合力，表现为对立统一的相互关系。

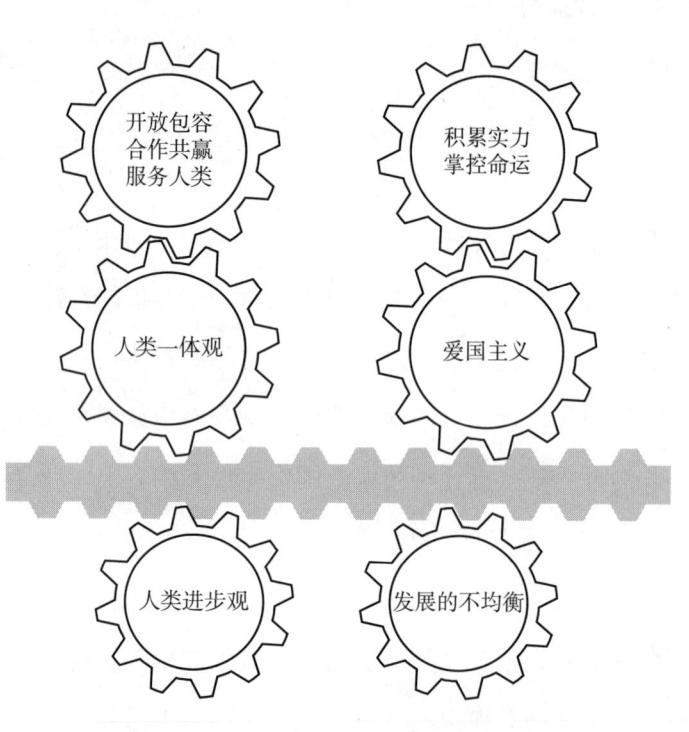

图 1-1 任正非世界观底层结构示意

2

第二章　方法论

华为应该怎么办

HUAWEI

01 实事求是：统领性原则

实事求是是任正非在哲学层面和在企业管理实践中最根本的统领性原则。每个人对"实事求是"的定义有所不同，对如何把握"实事求是"的度，也没有可以量化的客观标准。因此，虽然在原则上没有人会反对实事求是，但在具体操作和实践中，能真正贯彻实事求是精神的，却少之又少。

实事求是首先要求对什么是"实事"有冷静客观的判断，即对所处环境、发展阶段、当前态势及发展趋势要有判断和把握能力。其次，它要求对自身针对这种"实事"能够做出相应行为的能力也有客观准确的评估和预测，即对自身可以采取何种行动、行动可以产生何种结果能够做出基本研判，避免因低估自身而浪费机会，也防止因过分乐观而陷入困境。再次，它要求根据上述对"实事"和自身的判断，在众多路径选择、预案对比、资源配备、执行细则、进度监控、质量反馈、事故处理、应急决策、动态调整、后备选项、结果评估、后续演化等众多领域，持续作出综合最优的管理决策，即"求是"，在此过程中，常常需要在信息不充分的情况下，即"实事"并不明朗或确定的情况下，本着"实事求是"的精神，承担决策风险，或做出重大改变（包括放弃原先计划），或在审时度势之后断臂求生，或在态势评估后承认失败，以待时日。

在对华为公司的定位上——市场领域的外延划定、主航道的选定、对主营业务的专注——任正非一直坚持实事求是的态度。他对待同行保持竞争的态度，对待合作者和竞争者抱有开放和包容的态度，对待以美国为代表的先进技术实力派保持学习的态度，数十年间，他持之以恒地保持冷静判断和危机意识，强调长期奋斗，把握变与不变，在美国制裁环境下调整自身的生存道路……这些无一不反映他实事求是的意愿和能力。

基于实事求是的精神，任正非在诸多领域体现出了实用主义倾向。所谓实用主义，一方面是指对华为所处的市场和运营环境不存幻想，不抱侥幸，坚持将自身技术实力作为赢取客户、占领市场、发展壮大的不二法宝；另一方面，是指在一切可能的领域，向行业内和上下游中拥有技术实力的同行、对手、供应商、客户、科研单位、相关政府等，诚恳而坚定地学习，真诚而广泛地合作。任正非旗帜鲜明地主张技术和产品中的拿来主义，提倡员工应脚踏实地、避免好高骛远，在管理中回避思辨类概念和管理理论，在宏观决策中的管理重点则是威权式主导。

实事求是精神贯彻到人才战略上，也体现出华为的特色：内部以培养干部为主，提倡员工脚踏实地而不是好高骛远，保持公司和员工的距离感，采用轮值CEO制度，提出"少将连长"概念等。

我们用华为的管理架构和任正非的权限设置，来分析一下这种实事求是的精神在华为公司管理中的实践。

华为自2004年起推行EMT（Executive Management Team）轮值CEO制度。

过去的传统是授权于一个人，因此公司命运就系在这一个人身上。成也萧何，败也萧何。非常多的历史证明了这是有更大风险的……授权一群聪明人做轮值的CEO，让他们在一定的边界内，有权作出决策，这就是轮值CEO制度……轮值期结束后并不退出核心层，就可避免一朝天子一朝臣，使优秀员工能在不同的轮值CEO手下，持续在岗工作。

在最高权力中枢采用小集体领导，从而避免"一言堂"，极大消除和约束个人色彩。作为华为的创始人和董事长，任正非也在集体和内部规范的约束之下，从而不仅避免了中国式的"老板拍板"的宿命，这种宿命常常演化为非公众公司对运气和偶然性的习惯性赌博；还避免了美国式的"CEO负责"的陷阱，这种陷阱往往成为西方公司成败系于个人一身的周期性动荡。

在主动通过制度来约束自己权力的同时，为了预防企业决策中民主权利被短视的利益诉求裹挟，并因此形成难以逆转的毁灭性决策和政策，任正非保留了否决权，建立了类似联合国安理会常务理事会一票否决权的制度，并计划在未来延续这种制度。西式决策民主常会陷入系统性陷阱，即在面对民粹主义和选票制度时，投票人和决策者常常被非理性裹挟并作出违背大众根本利益的决策。华为的一票否决权制度，就是基于实事求是精神对企业管理架构进行的机制设计，从而避免了这种系统性陷阱。

本来我的否决权到2018年就终止了，但因为公司整个治理层（持股员工代表大会、董事会、监事会等）是通过持股员工民主选举一层层选上来的，我们也害怕员工将来草率投票形成公司命运大波折，就保留了我的否决权，而且这个否决权将来可以被继承，不是由我的亲属继承，而是将来从公司最高层中选出7个精英，集体继承。那时他们已处在半退休状态，会比较公平。他们有任期制，可能有些人任职4年，有些任职8年，有一个迭代的任期。他们集体继承我对重大事项的否决权，作为大股东代表行使否决权，防止公司在重大决策中完全被民意裹挟而做错事。我们不能让员工一哄而上就把公司改变了。

实事求是的精神，也体现在任正非对华为业务范围的定位和限制上。从华为创业之初到现在，华为一直通过在ICT领域（软件+专用芯片）打造技术实力和核心竞争力，向全球用户提供产品和服务。这种专注首先是因为ICT市场足够大，按照任正非自己的话来说，就是华为的主航道足够宽，根本就不需要进入其他竞争领域。其次，唯有专注才能在长周期的企业发展中，增加参与者的生存概率，也就是说，专注本质上是生存的需求。华为一方面通过对主业的专注，在发展的关键时刻作出战略决策的时候，排除掉一些选项，比如 2000 年放弃小灵通业务；另一方面则在不偏离主航道的前提下，通过对业务范围的调整，坚定地抓住市场机会，比如投身手机业务。

在企业管理中，避免管理体系和方法论中的多元论诱惑，同样也是基于实事求是精神的选择。

公司发展的微观商业模式就是一部分有效和谐的方法论，完成企业管理诸多元素从端到端、高质、快捷、有效的管理。为什么只是一部分方法论就行，而不是越多越好呢？太多的方法论会相互抵消，反而降低效率。所以说书读得越多越蠢，如果不活学活用的话，多读书不一定是好事。

当然，实事求是也包括冷静看待自身的能力外延，并客观规划奋斗目标。

我们今天是有能力，但不要把自己的能力设计得完全脱离了实际。我们若要完全背负起人类发展的重担，背负起社会发展的重担，背负起民族振兴的重担，就背得太重了……所以我认为我们的目的要简单一点，能往前走一点就是胜利，不要以为一定要走多远。

02
专注：生存之道

华为作为一家具有世界级规模和全球性影响的公司，虽然没有上市，也并没有定期向公众公布其财报和业务规划的义务，但其战略方向是不可能保密的，其业务路径一定是高度可预测的，其对所从事业务领域的选择和调整也必然是公开的。华为的发展历史及其未来的发展方向，基本上是透明的。

得益于这种透明，对华为业务领域的观察和总结，变得十分容易。如果用一句话来说，那就是专注于ICT领域，并把其中的信息通道建设和维护作为主航道。

如果试图对华为在业务领域选择和战略方针制定中所使用的方法和所体现的风格加以描述，最恰如其分的词语便是"专注"二字。在这个统一的方法论工具之下，当然也发展出了种种具体的工具，既有战略层面的，也有战术层面的，既涵盖基础研究领域，也涵盖产品和客户端，既包括企业文化，也包括日常管理，它们共同组成了华为专注于主业的工具箱。以下是这个工具箱中最常见的几种工具：

对主航道的专注。所谓战略，虽然有不同的定义，而且今天在管理中存在被下放使用的趋势，甚至有时会用来统称所有级别的行动规划的原则，但其根本含义无非就是指对业务领域的取舍：对要做什么、不做什么的明确界定，就是战略。华为的战略就是聚焦主航道，有所为有所不为，只做自己最擅长的事，只进入最高附加值的领域。

华为作为一家以营利为目的的企业，当然也会在生存的压力下和机会主义的诱惑下，偶尔脱离自己的主航道。比如，华为也曾受到过房地产市场的诱惑，但当任正非及其核心管理团队发现房地产是一个赚快钱且赚得比较容易的产业时，他们便果断放弃了。这种放弃，既有专注于主业的考量，也有避免沉迷于赚快钱诱惑的理智，因为一旦团队习惯了用较少的努力去赚取较大利润的时候，就等于抛弃了奋斗精神，从而只能在顺境中随波逐流，而无法在长期的起起伏伏中掌握自己的命运。

任正非和华为对主航道的定义是：别人难以替代，又可以大量拷贝使用的就叫主航道。

如果用水系来描述我们的管道战略，水流流过的地方，就是指信息流流过的地方，就是我们的主航道。具体来讲就是我们的数据中心解决方案、移动宽带、固定宽带、骨干网，以及我们的智能终端、家庭终端和物联网的通信模块，这些领域就是我们聚焦的主航道，其他领域都不属于我们的主航道。

简言之，华为的主航道就是信息流通的管道业务及端点之间的连接。管道就是信息的流动，要保证其通过量大、时延小；端点间的连接，就是信息的发送端和接收端和这条管道的连接。

其实，我们做的就是"管道"，给信息流提供一种机会。我们做的服务器存储不就是"管道"中的一个"水池"吗？终端不就是"水龙头"吗？所有这些技术都是一脉相通的……跨界这个事情，我们是永远都是不会做的。

主航道的认定，意味着对众多其他领域机会的放弃。华为选定的主航道，足够宽阔，足以承担得起华为的愿景和梦想。

我们现在还想象不出未来信息社会是什么样子。我们只是把航道修宽了，在航道上走各种船，游艇啊、货轮啊、小木船啊，是别人的，运营商也只是收过路费。所以我们要跟千万家公司合作，才可能实现这个目标。

作为华为管理大纲的《华为基本法》对这种专注也作了明确的说明：我们坚持"压强原则"，在成功关键因素和选定的战略生长点上，以超过主要竞争对手的强度配置资源，要么不做，要做，就集中人力、物力和财力，实现重点突破。在资源的分配上，应努力消除资源合理配置与有效利用的障碍。我们认识到对人、财、物这三种关键资源的分配，首先是对优秀人才的分配。我们的方针是使最优秀的人拥有充分的职权和必要的资源去实现分派给他们的任务。

华为在海外市场的开拓上，对于战略重点市场，实行终端组织直线管理，而对于非战略机会市场，则交给当地代表处管理，不过度耗费精力。这就明确显示了海外市场开拓的重点，让公司可以集中精力和资源在最需要火力的市场上，实行对目标的精准打击，减少旁枝末节对战略实施的影响。通过工作的集中部署，达到开拓市场、活跃市场、维护市场的目的。

此外，任正非在华为业务的专注上，明显借鉴了林彪的战术原则，只不过是把林彪在攻城战中的战术级别的方法，借用并放大为华为战略主攻领域的原则。

林彪的"六大战术"原则的第一条，即"一点两面"。其内容如下：

1. 把7/9到8/9的兵力放在突破点上，维持1/9到2/9的兵力在横向面上，保证点上兵力的绝对集中。

2. 进攻时只攻一点，同时包围两面，但要避免四面包围，以免激发敌人绝望后的顽强抵抗。

3. 集中兵力于一点上，开始突击后逐次增兵，形成"头尖尾巴长"的态势和后劲越来越大的尖刀形突破态势。取得一点上的突破后，不顾一切，投入后续兵力，突破跟进，尽全力横向扩大战果。

任正非在市场突破上的战略，可以说是对上述原则的坚决贯彻，其核心内容如下：

1.把资源（人才、资金等）集中放在主航道上，同时维持一定的资源，维持主航道周边的相关ICT产业领域，包括"备胎"计划和蓝军建设，为小概率危机做好准备预案。保证在主航道上投入资源的绝对集中，用任正非的话来说，就是为这个主攻方向，准备范弗利特弹药量。

2. 开拓市场时，集中力量在主业上，但同时要通过让利和合作，和行业内的利益相关方实现共赢，把所有的潜在竞争对手，都变成利益共同体。

3. 针对相关市场开展业务后，持续加大研发、客服、运营、改进投入。在取得相关领域的业界突破和市场领先地位后，尽全力把市场潜力吃透，不以盲目创新和推出新产品为目标，而以尽量扩大现有市场占有率为任务，通过销售的横向扩张，充分挖掘客户需求，争取持续销售，并通过客服精益求精的服务，合理建设客户对华为产品、服务、系统及路径的信任和依赖。

因此，我们可以得出的结论是，任正非的"压强原则"对应了林彪的"一点两面"原则。两者的共同点在于集中资源寻求单点突破，在突破后横向发展。

在企业文化和精神层面，任正非提倡钉子精神。钉子精神就是持之以恒地在工作中应用压强原则的精神。在确定了方向之后，咬定一处就决不放松。

华为不是上市公司，不受资本市场的约束和绑架，我们可以为理想和目标"傻投入"，所以我们可以拒绝短视和机会主义，我们只抓战略机遇，非战略机会或短期捞钱机会可以放弃，这是资本和股东做不到的，只有理想主义者可以做得到，为理想和远大目标敢于加大技术、人才、管理体系和客户服务的长期投入，看准了，舍得为未来的目标连续投、长期投，避免了短期行为，耐得住寂寞，忍受得了艰苦和磨难，华为就是一只大乌龟，20多年来，只知爬呀爬，全然没看见路两旁的鲜花，不被所谓互联网"风口"所左右，回归商业精神的本质，坚定信心走自己的路。华为随便抓一个机会就可以挣几百亿元，但如果我们为短期利益所困，就会在非战略机会上耽误时间而丧失战略机遇。

坚持这种钉子精神，在过程中必须放弃众多机会，看上去好像是愚钝和执拗，但随着时间的推移，这种坚持形成的积累，就有可能形成无法遏制的惯性和动能，形成源源不断的后劲，并足以俯视那些曾被放弃的机会可带来的利益之和。

此外，华为的"傻"，还体现为不为短期挣钱机会所左右，不急功近利，不为单一规模成长所动，敢于放弃非战略性机会，敢赌未来。敢赌就是战略眼光，就是聚焦于大的战略机会，看准了，就集中配置资源压在关键成功要素上。

华为的聚焦，是建立在预判未来基础上的阶段性聚焦，而不是对外部环境和竞争态势不做任何反应的闭门造车。通过阶段性聚焦，才能在恰当的时间，集中精力实现效率最高的发展。

在管理上，华为在不同时期对核心人员及核心职能的定义有所不同，每一个定义形成之后，公司上下就会对这些核心人员及其核心职能给予更多的专注。因此，华为的专注是基于实事求是精神和特定时间轴、职能轴的一种动态定制化专注。

用华为的存储业务来做个例子。华为的存储产品 SKU 一度过多，由此带来品牌辨识度不高、品牌不聚焦、定位混乱、服务成本高昂等众多问题。2014 年开始，华为收缩产品线，集中主推两款拳头产品，从研发到市场，从销售到客服，都全面聚焦这两款产品。这样的收缩表面上会导致客户选择面减少，并有可能带来自身销售额的下降，但如果任由产品线扩大，则可能导致整个品牌的平庸化、利润的低产化以及潜在的灭亡风险。聚焦的结果证明了聚焦的效果：研发的投入得到了保证，产品的开发进度有了系统性的提高，销售和客服得到的培训和提供的服务更加深入精准，库存下降，营销成本下降，利润上升，品牌辨识度提高。

当然，不能死板地将主航道认定为唯一路径，企业必须同时做好各种后续进攻方案，各种预案，必须提前做好发生重大"黑天鹅事件"的准备，从而保证企业的持续生存。为此，在专注于主业的同时，任正非也强调有必要让多梯队持续进攻，并需要通过蓝军来进行各种压力测试。

大家不要把主航道理解成唯一航道，多路径是朝着一个目标和方向，这不叫背离主航道。我们公司在奔向无人区的前进过程中，只要多路径，就不会出现僵化；只要多梯队，就不会出现惰怠。因为每一个梯队在冲锋的时候，视野已经聚焦到了那个山头，所有的外围东西都看不见了，一心只想攻上"上甘岭"；第二梯队应该关注星空、扫清外围，第一梯队攻破城墙口，已经消耗殆尽了，这时第二梯队就应该上去。

在多梯队持续进攻的策略中，没有失败之说。所有的"失败"，不仅是对路径的探索，过程中积累的人才和知识，也会成为其他路径的资源和营养。

只要保留多路径、多梯队，我们就不会僵化惰怠，就能在大信息流量传送这个问题上攻入无人区。"软件＋专用芯片"这条路，我们一定要坚定不移地走下去，这点不能动摇……不要只赌一种方法，小公司才会赌一种方法，因为它投资不够，赌对了就赢了，大公司资金充足，为何不采用多种路径？某一种路径失败了，也给我们培养了很多人，而且这些人是带着"丙种球蛋白"加入主航道的，有很多不同的想法，这种异化也可能使正确更加正确。

各梯队和主航道的正规军一起，构成了多路径、多梯队的整体实力。

蓝军，是指探索路径可能性的正规军，他们的价值就是在不确定性之中，探索并发现各种风险和机会。

大量梯队可纳入蓝军，蓝军应该是跟红军差不多相同的队伍。红军坚定不移走"专用芯片＋软件"这条路，蓝军就准备将来的路。

即使不是华为的员工，也可成为华为的梯队。华为通过对这些"外部头脑"的支持和赞助，随时跟踪、知晓他们的研究成果，这样，华为就有机会判断是否付费使用其研究成果。

包括在基建、安装、调试、维修等需要动手能力的领域，华为同样鼓励专注于业务能力，形成一支能工巧匠队伍。

我们要提高大专生、中专生的起薪，很多事情是手艺功夫，我们的理论再好，工匠做歪了一点点就不可靠了。我们的生产系统吸引几百个能工巧匠进来，他们也许文化程度不高，但是有手艺，是各方面尖子型的工匠。生产系统要以技师为中心生产，第二要招高端技师进来，就是特定这个地方的尖子……不过我们要倡导，用高精密自动生产模式，将工匠的不确定性确定下来。

03 冷静判断与危机意识：持续生存之道

1978年改革开放以来，中国经济总体上维持了高速发展，并在2001年底加入WTO之后，全面融入世界贸易和全球经济，已发展成为影响全球经济态势的重要力量。在此过程中，大量中国企业抓住了历史性机遇，成长为各行各业的"弄潮儿"，并借助资本市场的加持，放大自己的先行者优势，成为国内知名，甚至具有全球影响力的成功者。这些企业的创始人和核心管理团队，不仅从中收获了大量的经济回报，同时也赢得了社会认可。

这场迅猛而动荡的财富创造运动，虽然在今天速度有所减缓，但总体来说，其规模之大、速度之高、机会之多、转换之快，令人眼花缭乱，在人类历史上都属于特殊现象。可以说，其中虽然难以避免地有一些反复、停滞、危机、障碍、混乱、动荡等，但在过去的几十年，其总体趋势，毫无疑问是单向上升的。

随着这种巨大而持续的成功，很多企业的创始人和核心管理者不可避免地会产生乐观情绪和豪迈情怀，不仅对企业的继续发展充满信心，认为过去的成功自然就是未来前进的保证，而且往往会把中国国势的上升、国家和地方政府的支持、宽松的经营政策、行业粗放式管理形成的竞争不足、企业进入特定行业的偶然性，以及非常重要但常被忽略的运气，统统归结为自己的高瞻远瞩、能力非凡，甚至个人独特的领导魅力。他们往往会把自己和自己企业成功的偶然性，不假思索地赋予必然性，并且从回顾的角度，把一些可能是重要及必要的成功前提（如奋斗精神、努力态度、市场打拼、客情维护、员工激励、资金介入、冒险拼搏等）当成可持续经营和继续取得成功的充分条件；同时，又会把另一些和成功并无相关性而只是偶然出现在现场的因素（如创始人的性格和行为风格、企业自觉或不自觉形成的价值观和企业文化特点、某些区域市场的特点、赚取第一桶金时形成的偏好、某种特定时空内形成的经营手段和战术、某种特殊环境中形成的政策和规定等）当成了自身和企业继续成长和取得成功的必要条件。这样，都会让人形成对成功要素的错误认定，从而损害企业继续生存的机会和持续发展的可能。当企业在充分竞争环境中，或是当发展机会减少，或是在进入新的竞争领域、面对世界级竞争对手时，又或是遭遇严重的经营困难时，就会变得岌岌可危。

  虽然中国在过去几十年中，取得了包括经济在内的各领域的长足发展，学习和积累了大量的能力和经验，但是，至少在企业管理上，中国企业还有较长的路要走。从战略规划到基层执行，从流程设定到系统运营，从人才培养到绩效管理，从市场调研到客户服务，从基础研究到产品开发，从管理思想到管理工具，从合规经营到企业文化建设，从公关维护到危机管理等管理全领域，中国企业在总体上既没有需要时间积累才能形成的磨炼，也没有整个社会从哲学深度出发所提供的思维训练和理论熏陶，既缺乏基于先进管理思想所形成的系统现代管理理论，更缺乏在全球充分竞争环境中经过实战验证的管理应用体系。

因此，中国企业家较为普遍的乐观精神，对自己和企业的信心、成功的归因，都缺乏客观基础，无法形成面对未来时足以凭借的坚定基础。在这种环境中，保持足够的冷静，从内心深处认识到危机的存在和灭亡的风险，就显得难能可贵了，而这对于一家决心参与全球竞争并寻求持续成功的企业来说，又是预防突然死亡的必要前提。

如果说中国的成功企业家有一些共同特点的话，我们可以列举出很多——实干、坚韧不拔、敢于冒险、善于抓住机会、充满远见、包容、自律等。但在中国名声较为响亮的企业家中，任正非体现出了一个他所独有的特点，那就是深刻而持续的冷静态度和危机意识。

企业家或多或少都会体现出冷静态度，都会拥有危机意识，但没有人能像任正非这样，几乎在创立华为后的每时每刻，都近乎神经质似地强迫自己冷静看待已经取得的成就，并从"华为一定会灭亡，但必须努力预防突然死亡"的基础出发，在每一个有可能涉及华为存亡的领域，都不遗余力、不计成本地宣导、提醒、强令、投资、预防，并在几十年的时间内，从不稍懈。

不管是主业专注还是机会主义的旁涉，不管是和外界的合作共赢还是内部的风气管理，不管是业界的即时变化，还是基础研究的可能突破，都体现出他强烈的危机意识。

30年来，华为全都是痛苦，没有欢乐，每个环节的痛苦是不一样的。

危机意识在战略决策、投资方向、士气激励、形成团队意识、内部管理、文化建设、改革变革、市场开拓、产品研发、提升效率、简化内部沟通等领域均有价值。

之所以强调危机意识，为的是在危机到来前做好思想准备和生存能力的储备。

大家一起想，怎样才能活下去，也许才能存活得久一些。失败这一天是一定会到来的，大家要时刻准备迎接失败，这是我从不动摇的看法，这也是历史规律。目前情况下，我认为我们公司从上到下，还没有真正认识到危机，那么当危机来临的时候，我们可能会措手不及……危机并不遥远，死亡是永恒的，这一天一定会到来，你一定要相信。从哲学上，以及从任何自然规律上来说，我们都不能抗拒，只是如果我们能够清醒认识到我们存在的问题，我们就能延缓它的到来。

任正非的危机意识一部分源自他对华为发展和成功要素的客观评价，他将这种成功归因于外部性。

华为成长在全球信息产业发展最快的时期，华为就像一片树叶，有幸掉到了潮流的大船上，是躺在大船上随波逐流到今天，本身并没有经历惊涛骇浪、洪水泛滥、大堤崩溃等危机的考验。因此，华为的成功应该是机遇大于其素质与本领。什么叫成功？是像日本那些企业那样，经九死一生还能好好地活着，这才是真正的成功。华为没有成功，只是在成长。华为经过的太平时间太长了，这也许会构成我们的灾难。

危机意识可以涵盖很多方面，也可以促成在各个方面的管理方向。对于华为来说，危机意识包括以下几点：

第一，华为在创新和技术实力上有可能落后。为了预防这种局面，华为一直坚持对未来的投资。

华为所参与的ICT领域，集中了全球在该领域内的人才、技术、专利和相关的科学研究，是一个技术密度十分高的产业，而且是一个交织着基础研究、技术实现、产品开发、整体配套、政治政策、国际关系、国情民意、客户服务、商业运营、管理效率等在内的复杂系统，该系统涵盖了从芯片设计到晶圆生产、从操作系统到硬件配套、从理论论证到技术实现、从基础投资到产品消费、从整体解决方案到基站和管路施工、从老产品售后维护到新品迭代、从国家政策影响到运营商倾向、从现有技术合成到未来路径规划等诸多环节。其中任何一个环节都有可能遇到意料之外的挑战，甚至是突如其来的障碍，并有可能造成相关企业的突然死亡或不可控的衰败。行业内的参与者及业内态势，在极短的时间内，就有可能发生重大变更。

因此，ICT行业是一个洗牌速度很快、洗牌力度大且洗牌频率高的行业。用任正非自己的话来说，就是"如果我聪明的话，不走入电信行业，也许对我的人生意义会更大。如果我去养猪的话，现在可能是中国的养猪大王了。猪很听话，但猪的进步很慢，电信行业的发展速度太快，我实在累得跑不动了。但不努力往前跑，公司就会破产，我们没有什么退路。我根本跟不上电信业发展的速度。那个时候，我错误地以为电信产业大、机会多，糊里糊涂地进入了电信行业。进去后才知道，电信最难干，它的产品太标准了，对小公司是一种残酷"。

正是基于这种危机意识，华为历来坚持在技术实力累积和基础科学研究两大领域进行大规模、不求短期回报的投资。投资前者是为了在应用技术领域居于世界领先地位，从而保证自己的市场地位；投资后者则是为了从基础科学研究的层面，把握人类在信息科学领域未来的发展方向，避免自身在大方向上作出战略性误判，并因此做好迎接新技术应用的组织和研发准备。华为对世界各地300多所大学和超过900个科研机构相关科研提供资助，雇佣的科研和研发人员几乎占员工总数的一半，在战略高度上持续而坚定地打造内部蓝军。正是这样，华为实现了在ICT领域全球范围内的技术实力的领先，并打造了在相关基础科学研究领域广泛而扎实的知识储备，从而极大地提高了自身在各种突发困境中继续生存的可能性。

第二，华为有可能在核心技术和生存条件上被"卡脖子"，导致公司死亡。为了预防这种局面，华为提出了"备胎"方案，在包括芯片设计、芯片生产、操作系统在内的诸多关键领域，多年来不惜重金投入，打造战略预备能力，从而保证自己在可以想象的极端困境中，仍具备生存的系统性能力。

这种前瞻性的预备方案的价值，在近 5 年来，可以说体现得淋漓尽致。2018 年以来，美国倾一国之力对华为进行全面围堵，而华为在逆境中至今没有倒下，简直令人难以置信。在人类商业史上，华为可谓造就了史诗级的传奇。读者们对此应该有目共睹，此处就不展开了。

第三，企业内部的精神面貌可能劣化，内部动力可能衰减。

为了预防此风险，任正非大力提倡长期奋斗精神，在企业文化、员工心态、内部氛围等方面，毫不妥协地推行奋斗。为此，华为推行了一系列原则和政策，包括员工持股、股票不可继承、老员工重新上岗、打破内部职位升降常态、权力向前线倾斜等系统而持续的管理行为。我们会在下一章节中，对此做进一步的陈述。

在此，我们只提出一个观点：任正非之所以不厌其烦地在内部提倡自我批评，其出发点和落脚点无不是源自一种危机意识。从出发点来看，正因为危机时刻存在，每一名员工、每一个管理者，一旦认识到这种危机，就会通过自我批评来弥补漏洞、增强实力，从而在面对危机时体现出更强大的应对能力和生存能力。从落脚点来说，主动进行自我批评，可以让人认识到自身的不足，从而产生时不我待、必须马上改进的危机意识，进而可提前消除各种漏洞，把别人的批评，尤其是通过市场表现所体现出来的行业和客户的批评，在其生成之前就化解掉。因此，自我批评是危机到来前的进攻，而被动地接受批评，就是在危机到来时的防御。用任正非的话来说，就是"最好的防御就是进攻，进攻就是进攻我们自己，永不停歇，直到死的那天。每日三省吾身，坚持自我批判"。

04
奋斗精神：内部文化

对外，华为通过让利、分享等方式，与各个利益相关方形成利益共同体。同样，对内时，华为通过提供高薪和持股权利，把员工变成了内部的利益共同体。一方面，华为从实用主义的角度出发，通过并不总是合规的手段，创造出促使员工拼命工作的氛围和压力；另一方面，华为通过满足员工现实的利益预期，把员工的反弹和非工作的各种生活需求，压制到一个可以管控的程度之下。

任正非曾说过："钱给够了，不是人才，也可能变为人才。钱分好了，管理的一大半问题就解决了。"

奋斗作为一种精神，对于来自不同成长背景、不同文化环境、处于不同发展阶段和社会地位的人来说，当然会有不同的理解、不同的感受、不同的认可度以及不同的价值判断。

西方发达社会，作为全球过往数百年发展的主要受益者，在价值观上和财富储备上具备了一定的基础和能力，能提倡人民在奋斗和享受之间作出平衡，且平衡点自二战以来，越来越向享受端靠拢。一方面，随着新技术和新经济的生产效率的提高，这种福利主义和享受主义实现的可能性不断提高；另一方面，西方主流价值观包容多样性，强化个人主义倾向，同时又拓展了这种福利主义和享受主义流行的土壤。

总体来说，对于以任正非为代表的中国企业家，在过去几十年所面对的全球运营环境，大约是这样的：西方依托于技术实力形成的优势，持续执行福利主义，并在总体上形成了员工和企业之间界限和权责划分明确的专业化雇佣制度，有点像商业雇主和雇佣军的关系；而中国则依托于国人的勤劳和忍耐，在事实上执行着通过刻苦和辛劳来弥补与西方差距的路线，并在总体上形成了员工和企业之间基本雇佣关系和非雇佣依存关系并存的过渡状态，有点像政府和义务兵之间的关系。

作为在技术实力、产品研发和营销能力、管理水平、上下游总体运营水平、营商环境等诸多要素上处于追赶者角色的中国企业，在全球市场竞争中如果试图尽快缩小差距或实现赶超，除外部因素的种种支持之外，在内部只有两条路可走：一条是提高内部运营效率，即提高人均单位时间产出，而这往往就是前述技术实力、研发营销能力、管理水平、上下游总体运营水平及营商环境等要素的综合结果，因此难以成为单一努力方向；而另一条路，就是在目前的综合运营效率下，提高每个人的工作意愿，要么延长工作时间，要么提高工作效率。而且，如果没有机制来保证工作效率，单单延长工作时间效果可能适得其反。

能够激发员工工作意愿、促使他们甘愿主动延长工作时间，并能在工作时长内保持或提高工作效率的，一是相应的收入回报，一是相应的文化建设。

针对收入回报，华为历来愿意向员工提供市场竞争力很高的薪酬；针对文化建设，华为推出的总路线就是长期奋斗精神。

信息产业的竞争要比传统产业更激烈，淘汰更无情，后退就意味着消亡。要在这个产业中生存，只有不断创新和艰苦奋斗。而创新也需要奋斗，是思想上的艰苦奋斗。华为由于不幸地进入了信息产业，我们又不幸学习了电子工程，随着潮流的波逐，被逼上了不归路。创业者和继承者都在销蚀着自己，为企业生存与发展顽强奋斗，丝毫不敢懈怠。一天不进步，就可能出局；三天不学习，就赶不上业界巨头，这是严酷的事实……要生存和发展，没有灵丹妙药，只能用在别人看来很"傻"的办法，就是艰苦奋斗。华为不战则亡，没有退路，只有奋斗才能改变自己的命运……艰苦奋斗是华为文化的魂，是华为文化的主旋律，我们任何时候都不能因为外界的误解或质疑动摇我们的奋斗文化，我们任何时候都不能因为华为的发展壮大而丢掉了我们的根本——艰苦奋斗。

任正非2001年在科以上干部大会上讲解《2001年十大管理工作要点》时提到："干部要有敬业精神、献身精神、责任心和使命感。"这就是干部的奋斗精神。

我们奋斗的目的，主观上是为自己，客观上是为国家、为人民。但主、客观的统一确实是通过为客户服务来实现的。没有为客户服务，主、客观都是空的。当然奋斗者包含了投资者及工作者。什么叫奋斗，为客户创造价值的任何微小活动，以及在劳动的准备过程中，为充实提高自己而做的努力，均叫奋斗，否则，再苦再累也不叫奋斗。企业的目标十分明确，是使自己具有竞争力，能赢得客户的信任，在市场上能存活下来。企业要想服务好客户，就要选拔具有奋斗精神的优秀员工。

对于"以客户为中心"和"以奋斗者为本"两者间的关系，任正非说："要让奋斗可以持续下去，必须使奋斗者得到合理的回报，并保持长期的健康。但无限制地拔高奋斗者的利益，就会使内部运作出现高成本，会被客户抛弃，会在竞争中落败，最后反而会使奋斗者无家可归。这种不能持续的爱，不是真爱。合理、适度、长久，将是我们人力资源政策的长期方针……以客户为中心，以奋斗者为本是两个矛盾的对立体，但两者却构成了企业的平衡。难以掌握的灰度，考验所有的管理者。"

华为的生存，首先离不开客户的订单，因此"以客户为中心"是理所当然的选项，事实上也是所有企业的必选项，属于不言而喻的出发点。但如何实现"以客户为中心"，每个企业有不同的见解和手段，但无论如何都离不开内部员工的努力。因此，以"奋斗者为本"，除了在奴隶制和早期工业社会的严酷剥削时期，虽然会有不同的表述，但它是所有现代企业殊途同归的不二选择。

华为的特点在于明确把员工分成两种，一种是一般意义上的员工，另一种是所谓的"奋斗者"，也就是华为"以奋斗者为本"和"以客户为中心"成为一体两面的核心政策中的"奋斗者"。

奋斗精神在任正非持之以恒的宣导和各种政策的贯彻下，确实成了华为公司多数非外籍员工和管理者所认可的企业文化。

我们来看看任正非关于奋斗者的看法：

> 成为奋斗者或劳动者是员工的自愿选择。劳动者享受准时下班玩、周末休息、加班有加班费，经济回报上并不吃亏。奋斗者不要这些，就吃亏了吗？没有，成为奋斗者就给他分配内部股票。短期报酬是每年的贡献发成奖金，公司后面继续产生的利益跟他无关了。长期激励是用内部股票的方式，让你继续享受过去的劳动贡献。奋斗者退休以后可以保留公司内部股票，享受过去劳动的贡献。奋斗者配的股票数量不仅跟职级有关，跟奋斗贡献与年限也有关系。

对具有奋斗精神的员工的赞赏，不可避免地带来对按华为和任正非的定义来说不具备这种精神的员工的事实上的歧视、贬低和排斥。

> 选拔人才注重人的大节，就是要敢于奋斗、不怕吃苦，不要小富则安。公司有些人目光短浅，没有志向，为什么要选他做干部？

奋斗精神在追赶先进者的时候，给华为带来了丰厚的回报，不仅让公司跻身行业领先地位，而且成为推动其继续发展、扩大领先优势的一把利器。因此，任正非一直通过对危机意识的宣导，来论证和强调奋斗精神继续存在的必要性。

对数以万计收入丰厚、足以支撑起美好生活的华为员工来说，奋斗精神的减弱和享受生活的诱惑，不可避免地出现并逐渐成为主旋律，而从公司的持续发展角度来看，这种奋斗精神的减弱，当然就会拖累公司发展和继续领跑的规划。因此，更大力度地宣传奋斗精神的必要性，佐以为人类服务的使命感和成就感，并积极利用一切外部压力，尤其是美国制裁以来形成的外部压力，维持并加强这种奋斗精神，就成为华为和任正非过去几年来一项重要的工作。

正因为华为已经取得了一定的成功，并且已经具备了很大的可能成为全球未来技术发展的中心，因此，在没有找到更好的管理工具之前，提倡奋斗精神就成为实用主义的必然选项，但这条路可能很长，且充满各种变数，还要在"奋斗精神"前加上"长期"二字。

在谈到美国的制裁对华为的影响时，任正非曾多次表示这种压力对华为的好处便是对奋斗精神的激发和提振。

最担心的是什么？就是太成功了，员工惰怠了，不愿意到艰苦岗位、不愿意到艰苦地区去。现在特朗普把我们逼活了，员工转变了惰怠思想。

05 不屈不挠：对外精神

华为从创始之初一个小而无名的新人开始，就一直在与行业翘楚竞争。除其产品本身的吸引力外，华为从研发到技术实现、从市场拓展到售后服务、从市场准入到基站建设的整个团队，尤其是早期的市场和销售团队，无不体现不屈不挠的斗志。

正如前文所说，华为以奋斗精神为基础，形成了内部利益共同体，通过全球合作共赢和利润分享，形成了外部利益共同体，并通过专注于主业、投资未来，形成了技术实力的累积和全球领先地位；危机意识，让全公司形成了战略能力"备胎"，通过向行业领先者学习，提升了内部管理能力……以上所有这些，都让任正非在面对外部压力时，尤其自2018年起，美国针对华为的层层加码、制裁和全球围堵，一直体现出战略上的乐观和从容。整个华为在面对美国的制裁时，焕发出斗志昂扬的英雄气概。这种精神不是空洞的自我打气和对外宣传的口号，其底气就来自上述各种系统的建设、投资、学习所形成的实力。

有位名人说："堡垒是从内部攻破的，堡垒是被外部加强的。"在公司内部处于奋斗意志衰退的时候，是外部压力激发我们内部加强了密度、巩固了团结。我们决不能妥协，一定要胜利，除了胜利，我们没有其他路可以走。

2019年8月20日美联社Ken Moritsugu在采访任正非时问道："实体清单以及美国给予华为的压力，在多大程度上影响了华为自身战略的调整？去年，绝大多数人谈华为都在谈5G部署，现在都在谈实体清单，以及华为需要进一步降低对美国供应商的依赖。您本人或者华为需要基于当前局势对战略进行多大程度的调整？这种调整对华为及其未来发展有何影响？"

对此，任正非的回答是："首先，美国实体清单并没有打击到我们的战略，反而是有帮助的。我们砍掉了一些不重要的边缘产品，把这些力量汇聚到主航道上来做主力产品。过去，由于我们控制不住基层对预算的分配，做了一些小产品，现在我们决心砍掉它们。在研发组织的改革过程中，我们砍掉了46%的部门，把这些部门的优秀员工都转移到主产品线上去，所以我们的主产品会做得更好，而不是更差……当实体清单出来时，他们希望华为死掉，结果华为不仅没死，还活得更好，这与他们的目的不相吻合……实体清单对美国的损害比我们的大，实体清单应该被取消，不应该保留。但我们也认为，取消是不大可能的，华为做好了长期准备。"

美国的打压，激发了华为的斗志。

其实我们以前一直是胆小的,因为美国打击我们,我们被迫挺起腰来了,是美国把我们逼成了英雄。

美国的打压,不会危及华为的生存。

如果美国在科技上与我们割离,华为能不能继续做下去?我认为,世界本来就应该合作共赢,因为全球化的经济基础是互相依存,不能孤立地存在。但是,我们现在可以说,即使没有美国供应,我们可以独立生存的,也能生存得非常好,可能也还是世界第一。

美国的打压,不会改变华为对美国的敬仰,更不会激发华为对相关美国企业的报复,而且完全没有影响华为开放合作、为人类服务的胸怀和决心。

很多美国公司是愿意与我们合作的,他们与美国政客是有区别的,我们会永远与这些美国公司成为长期的战略伙伴。他们正在寻求美国政府的供应审批,我们会购买他们的产品。比如,我们其实有可以代替高通的零部件,但还是会继续购买高通的零部件,这是我定的,必须使用美国的器件,不能自己一个人独吞利益。我们永远都会拥抱美国公司,历史的挫折过去以后,会更加考验我们和美国公司的友谊,只有合作起来,才会把人类文明推向新的进步。

美国的制裁和围堵,确实对华为形成了一定的伤害,而且其力度也出乎华为的意料。

华为也曾预料到公司的迅猛发展，会激起一些矛盾，但他们没有料到美国政府打击华为的战略决心如此之大、如此之坚定；同时，也没有料到美国政府对华为的战役打击面如此之广，不仅是美国的零部件不能供应给华为，美国甚至不允许华为参加很多国际组织，不能与美国的大学加强合作。但这些都无法阻挠华为前进的步伐。美国的制裁和围堵，在初期的冲击过后，经过一段时间的调整，会使华为变得更加强大。

未来几年，公司可能会减产，销售收入会比计划下降300亿美元，今年和明年的销售收入预计都在1000亿美元左右；2021年，我们可能会重新焕发勃勃生机，重新为人类社会提供更优质的服务。这两年，我们要进行很多版本的切换，这么多的版本切换需要时间磨合、需要时间检验，适当下滑是可以理解的……但一些公司没有我们那么强大，可能会谨慎使用美国要素、美国成分，这些对美国经济会有一定的伤害。但是华为不会，我们已经很坚强了，是打不死的"鸟"。

更加强大之后，华为还会坚持和美国的合作。

当我们走完这一步以后，已经变得更加坚强了。以前不那么坚强时，我们都加强与美国公司合作；变得坚强以后，我们更会与美国公司合作，而且也不怕再发生类似情况。我们不害怕使用美国零部件，不害怕美国要素，不害怕同美国人合作。

在外部压力下，我们内部更团结了，在"百炼成钢"中提升了队伍的凝聚力,铁要反复锻打才有韧性。华为公司现在是一个"虚胖"的公司,30年来的快速扩张,没有经历过艰难困苦的考验。如果打几下,组织变结实了,人的意志坚强了,奋斗者的骨头也硬了,对我们未来的发展是有好处的,所以我们不怕打击。

华为的生存能力,来源于其从未间断的生存环境的磨炼。

我们已经有"国际环境不太好"的忍耐精神,因此,环境即使出现大的变化,对我们的内部运作也没有大影响。30多年来,我们不断经历各种全球大环境困难:战争环境、瘟疫环境、经济崩溃、金融危机……此起彼伏。全世界是不平衡的,不断的经历对我们就是考验。这次对我们应该是最大的一次考验,到底我们能不能活下来?我可以说,一定能活下来。

在主航道的核心业务和前沿技术领域,华为并未受到美国制裁的实质性打压,因为在这些代表了华为核心竞争力的领域,华为已经具备了领先的实力。针对非核心竞争力,供应链和终端生态接入领域,华为正在重新布局,我们有理由和任正非一样,对华为度过困境充满信心。

美国的实体清单对华为公司的业务运营基本没有影响。因为非常尖端的设备(比如5G)我们完全可以不依赖美国,美国在5G领域还是比较落后的。从芯片到系统,我们完全可以自己担负起来。在网络连接设备上,包括传送、接入网、核心网,我们长期处在世界领先地位,而且基本上不会依靠美国。在终端方面,我们有一些生态问题，自己还没有完全跟上来，会有一些影响，但影响不会非常大，不会构成严重的死亡威胁。

下面这句话，或许可以在根本层面上，回答任正非为何要如此强调奋斗精神，因为唯有奋斗精神，才能打造操之在我的实力。如果说任正非对奋斗精神持之以恒地鼓呼，是基于他对未来的担忧而未雨绸缪，那么，今天在面对美国的围堵和打压时，奋斗精神就是华为从困境中强者归来的文化利器。

这世界本来就没有"公平"两个字，讲的都是实力。我们有实力解决问题，不在乎对方怎么对待我们。

06
学习与积累：发展之道

华为从创始之初，就一直强调对外学习，无论是技术还是管理，无论是财务还是人力资源管理，无论是创新模式还是研发流程。甚至包括在国家基础制度层面，任正非也总是能提炼出可供学习的对象和领域。可以说，华为一直在全方位地学习各个领域的领先者。

对英国，任正非既能总结出其文化中的伟大基因，也能发现其内在的缺陷，尤其是在当代、在科技创新领域中，英国文化内在的不足。

现在我们公司推行任职资格，我们的任职资格是从英国捡来的，劳动部有个项目是推行秘书任职资格体系，华为公司就把它接过来了，并组织人员去英国参加培训和学习。我今天讲英国，是要讲英国的规范化管理，英国的管理条例十分清晰。英国现在为何渐渐衰落了？原因在于没有创新。我们在引进英国的任职资格体系时，同时选用了"美国 HAY 公司的薪酬价值评价体系"。所以我们的价值评价体系里面既有英国的规范化管理，又有美国的创新精神，因此我们公司最后不会像英国一样做得很死板。

在国家治理制度和国民性格上，英国是美国的源泉和老师。英国的伟大成就，体现在制度上的规范。

英国最大的特点是高度重视制度建设，对世界历史进程的贡献非常大。英国实行的光荣革命是和平改良，稳定的政治制度让英国350年都没有内战。"君主立宪、皇权虚设、临朝不临政"，充分发挥议会的聪明才智，英国式发展向世界示范了新的模型。

对日本，任正非的态度可以用以下谈话内容来作案例。

首先，是日本人对客户需求的重视。

日本经济为什么这么发达？日本是以客户为中心，把商品做得这么好，让大家不得不买……日本产品给人最深的印象就是质量，质量的目标就是客户需求。我们公司是追求客户的满意度，而不是追求成长的速度和存量的管理。

其次，是日本在工业产品和质量管理体系上的精益求精精神。

日本在工业产品上追求"短、小、精、薄"，追求客户体验和满意度，值得我们学习。我们的生产线制度，就是日本丰田公司以及很多退休老专家们来帮助设计的，也就是借鉴日本的质量管理体系……通过向日本学习这种精神，我们的5G基站也做到了让世界不得不买，因为我们追求像日本一样把大的设备想办法做小……日本人民的精神是未来工业文明中最重要的一种精神……日本人民有高度的警惕性，每道工序都在检测。我们采用日本的质量管理。

对于日本经济的结构性问题，任正非也有自己独到的见解。

在日本经济飞速发展的时期，美国视日本与德国为假想敌。他们认真研究了日、德的弱势。针对日、德的封闭政策，美国实行开放的政策，采取的是引进世界优秀人才到美国工作，引进所有国家的先进技术，炒旺股市，吸引全世界的资金。而且日本相对是单一民族的国家，内部缺少竞争，人民的收入水平较为平均，也抑制了创新。日本虽然早已参加WTO，政府的开放，不等于市场的开放，日本人民的爱国情结，使外国企业与产品在日本发展困难……因此，外国企业在日本的发展不足以激活日本的内部竞争。

对日本如何走出困境，任正非开出的处方，其实也是他对中国和华为未来之路的展望。

只有激烈的竞争才会促使创新，日本在创新上是不足的，使原有的优势不能持续下来。现阶段使日本制造业走入困境的是创新不足，真正拖累日本经济的是日本房地产业的大量坏账……日本当时若乘着经济繁荣的时机，实行多元文化，大量引进人才，振兴教育，破除平均主义，促进内部的竞争，把凝聚力耗散掉，激发出新的能量，使制造业的雄风依旧，地产业再实行逐步收缩的方式，经济也不一定会垮下来。

对德国，任正非特别欣赏其流程化管理的精神。

我们有很多方面也在向德国学习，特别是流程化管理。

当然，任正非最欣赏的还是美国。

我认为它（美国）是从地缘政治来讨论这个问题。至于网络会不会分成两个呢？除非它不想做别的国家市场。现在双方都在拼命爬坡，也许有一天我们都会爬到山顶，但我们决不会"拼刺刀"，而是拥抱对方，庆祝我们为人类信息服务胜利大会师。我决不会记恨美国的。

华为对上述几个国家及全球ICT行业的领先者和成功者的学习，在任正非的引导和坚持下，具有很强的特色，主要包括以下两点：

1. 对学习对象要充满信任，甚至要充满信仰，要坚持学习，不要怀疑。

2. 学习要彻底，不可以抱着改造的目的学习，不可以本着"以我为本，洋为中用"的态度学习。先要全盘照搬，学不好要从自身找原因，而不是从学习对象找原因。学透了，学成功了，再谈落地改造的问题。

华为坚定不移持续变革，全面学习西方公司管理。我们花了28年向西方学习，至今还没有打通全流程。

本书在"中国和华为的奋斗方向"一节中，也提到过华为对待学习先进者的态度和方式。

只有在全面而彻底掌握学习内容之后，才有可能对它进行合理的优化。

持续管理变革的基本原则：坚持"先僵化，后优化，再固化"的原则，引进世界领先企业的先进管理体系；坚持"小改进，大奖励；大建议，只鼓励"的原则，持续推行管理变革；坚持改进、改良和改善，对企业创新进行有效管理；持续提高人均效益，构建高绩效的企业文化。

07 投资未来：持续发展之道

华为多年来在研发领域的资金投入不少于销售额的10%。2019年，华为从事研发人员为9.6万名，占公司总人数的49%，研发费用为1317亿元，销售占比高达15.3%。2021年，华为从事研究与开发的人员增长到10.7万人，占总人数的比例也增长到54.8%，研发费用为1427亿元，销售占比大幅提高到22.4%。2022年，华为研发人员总数再次增加到11.4万人，员工占比也从此前的54.8%进一步增加到55.4%，研发投入再次逆势增长，达到1615亿元，同比增长13%，销售占比达到惊人的25.1%。华为的研发费用是A股研发费排名前十的总和，它们分别是中国建筑、中国铁建、中国中铁、中国石油、上汽集团、中国交建、中兴通讯、中国中车、中国电建、中国中冶。

华为在研发领域的投入，主要包括两方面：一是技术研究和应用层面，这些属于面向产品开发和技术储备的研发，目标是为现有的市场和客户群持续提供产品和服务，帮助他们实现更低的成本、更高的效率、更简单的管理和维护；二是基础理论研究方面，这些属于面向未来技术可能性的研究，目标是提早发现颠覆性技术以及重大科学理论突破，为目前无法预测的信息技术的下一轮革命或洗牌，尽早发出信号和预警，并使华为有机会以领先者的态势，提前做好战略、路径、资源、人才、市场布局的储备和安排。

第一，我们每年在科研上的费用投入很大。比如，我们现在有700多个数学家、800多个物理学家、120多个化学家，有15000人左右从事基础研究，这些人是把金钱变成知识。这方面的经费在30亿~50亿美元。第二，我们每年大概有150亿美元投资到研发上。研发有6万多人，他们把知识变成商品，从而再换回金钱。因此，整个链条过程中，我们投入巨大。如果靠窃取几样东西，不可能成为世界领先的企业。"领先"这个东西不可能偷得来的。第三，我们每年200亿美元投入费用中有34亿美元是作为战略费用，其中一部分是支持大学教授搞科研。

华为在技术积累和基础科学研究领域的投入，已帮助自身在人类科技的多个前沿领域，占据了领先位置。任正非对此并没有加以隐瞒或过分谦虚，当然，他同时也认为华为在科学研究和知识累积领域的投资还远远不够，也因为进入了科研的无人区，面临着自己没有前进方向的风险。因此在任正非的心目中，华为在技术积累和基础科学研究领域的态势是：全球领先，但危机不小。

我们为什么能胸有成竹一路领先？在电子上我们已经做出最先进的芯片，在光子的交换上，我们也是世界最领先的。在量子方面，我们在跟随，至少在研究别人的量子计算机出来后，我们怎么用。我们在电子、光子、量子这三者当中，有两者是走在人类社会前面的，在量子计算领域是跟在后面的。所以开展基础研究，才可能有超额利润，才有钱做战略投入，才能领导社会前进。

当然，还要充分地认识到基础理论和技术研究中的不确定性，及这种不确定性对华为这种领先者领先地位的削弱。

现在真正无人区的探索就是降低时延，任何电路都一定有电容、电阻，一定会产生时延，人类社会要求无时延的时代是不存在的。时代发展进入饱和曲线阶段，我们刚好在这个曲线的平顶上，新公司很容易追上我们。这就是我们认为未来的风险……（芯片设计）能把人类电子带宽提高到 3 纳米和 1 纳米。如果到了极限，还满足不了人类的需求，石墨烯这时也还不能替代硅，怎么办？我们就把芯片叠起来，但最大的问题是要把这两个芯片中间的热量散出来，这也是尖端技术。所以说，热学将是电子工业中最尖端的科学，这方面我们的研究也是领先的，就是太抽象了。所以，应对未来的挑战，我们都在找路，但如果找来找去找不到，那么追兵很快就会到了。

华为在 ICT 领域的科技创新和技术积累，已位列全球第一梯队，并正在努力成为领先者。

数字时代和信息科技领域的思想家乔治·吉尔德（George Gilder）明确断言："我认为华为是全球未来技术发展的中心。"

华为对未来的投资已经有了丰硕的成果。

我们非常多的技术远远领先西方公司，不仅是5G光交换、光芯片……这些领先技术都是一些非常复杂的技术，同行会比较清楚。因此美国指控的这些东西只是一些边缘性的东西，华为是不可能靠偷美国的东西而变得这么强大。现在我们很多东西美国都没有，又怎么去偷呢？信息社会的基座，华为是有贡献的，因为其中一部分是华为提供的……我们在美国注册了1.1万多项专利，这是美国法律赋予我们的权利，我们给人类社会提供了非常多的服务，而且我们正在不断开放的过程中。我们向各个标准组织提供了约5.4万份文章，这些都为人类社会作出了贡献。

领先地位的获得，正是基于战略定力的长期投入的逻辑结果。

我们是非上市公司，高层都是着眼未来5~10年进行战略构建，不只是考虑现阶段，所以我们就走得比别人快、比他们更具前瞻性。突破是要有战略定力和耐心的。10年、20年没有突破，甚至一生也没有突破，那么一生都是世界"备胎"。我们现在不是靠赌哪一种技术、哪一种方向，赌博一种路线是小公司才会干的，因为他们的投资不够。大公司有足够的资金，在主航道上多路径、多梯次前进，通过密集型投资缩短探索方向的时间。在多重机会的作战过程中，可能某种机会成为业界的主潮流，战线变粗，其他战线会慢慢变细了，但也不必关闭别的机会。

对未来的投入，对未来不确定性的研究和应对，是事关生死而不可间断的战略。

改革我们的体系，强化未来方向的探索和研究，掌控不确定性……我们不知道信息社会未来会是什么样子，要研究未来信息社会的假设，没有正确的假设，就没有正确的方向；没有正确的方向，就没有正确的思想；没有正确的思想，就没有正确的理论；没有正确的理论，就不可能出来正确的战略。思想研究院研究未来的思想和方向，然后"2012实验室"再形成理论，经过验证，"2012实验室"是在做这些假设思想中的实验。我们一定要搞清楚未来走哪里去。

因此，对未来的投入，在能力许可范围内，华为不惜使用超常的资源，形成超饱和的资源冗余，务求在大方向上不至于行偏踏错。

技术应用领域的研发是华为赖以生存的主战场。随着实力的提升，华为已处于行业领先地位。当它环顾四周，发现自己身处科技前沿无人区的时候，它必然会将更多的资源向基础理论研究领域倾斜，以求实现理论突破。

即使在遭受美国制裁和围堵的时候，华为仍然坚持对未来投资。比如，基于全球各国对信息安全的要求，华为决定在相关领域投资。

要打造可信的网络，我们下定决心，也是商业计划中已经做的决定，5年内投入1000亿美元，对网络架构进行重构，从而使它变得更简单、更快捷、更安全、更可信，隐私保护至少达到欧洲GDPR（General Data Protection Regulation，通用数据保护条例）标准。当然财务收入也要翻一番。如果我们财务受到打击，科研投入会减少，但基本上仍然接近这个数字，我们要完成网络改造，作出对人类的贡献。

08
合作共赢：对外战术路径

20 世纪 90 年代初，华为与全国各地的邮电系统合资创建了莫贝克通讯实业公司。华为并不接纳单纯的资金，而是选择接纳各地拥有市场的邮电系统的资金，从而在获得资金的同时，也获得了投资者的市场。华为作为运营方，给邮电股东的年分红承诺高达 30%，其间，他们曾多次通过其他业务来补贴这种分红。对邮电系统而言，这是用自己的资金在自己的地盘做市场，自然全力以赴。通过这种方式，华为与邮电客户之间形成了资金、市场和运营的紧密联盟。

华为的主业产品交换机，通过莫贝克的销售渠道，迅速冲击并占领全国市场。到 1995 年，交换机行业销售价格在华为产品的冲击下大幅下降。由于全行业交换机采购价的大幅降低，邮电系统得以将电信业务迅速在全国推广开来。消费者、邮电系统、华为通过这套运营系统，实现了多方共赢。这个利益共同体模式极其成功，它帮助华为营收从1992年的1亿元增长到了1996年的26亿元，不仅让华为在当年关键时期战胜了其关键的竞争对手，起死回生，而且为公司后来的发展奠定了资金基础和模式范本。

这种把客户、供应商、合作伙伴、竞争对手等利益链条上的相关各方整合到一起，形成利益共同体的思维模式，极大促进了华为的市场发展。依托于华为的低成本优势，华为业务开始大规模、爆发性增长，增幅每年为100%左右。到2003年，华为的销售收入已达317亿元，且维持了较高的利润率，其利润超过了当时国内电子信息业销售三强（海尔、联想、TCL）的总和。

就是从这时起，华为开始转变市场营销策略，着手构造合作共赢的行业生态。

任正非很欣赏以色列前领导人伊扎克·拉宾。拉宾提出了"以土地换和平"的国策，体现了他通过妥协而赢取两个民族共存状态的智慧和胸怀。

把拉宾处理以色列人和巴勒斯坦人关系的策略，应用到华为和市场各种利益相关方的关系中，就是华为对待竞争对手、客户、供应商等合作伙伴的策略。

与友商共同发展，既是竞争对手，也是合作伙伴，共同创造良好的生存空间，共享价值链的利益……我们的友商就是阿尔卡特、朗讯、北电、爱立信和摩托罗拉……我们把竞争对手都称为友商，我们的沟通合作是很好的。

华为是从本世纪初整个通信行业增长乏力时期起，开始实践以妥协、让利、合作、共赢为指导方针的对外策略。

2000 年 IT 泡沫破灭以后，整个通信行业的发展都趋于理性，市场的增长逐渐平缓，未来几年的年增长不会超过 4%。而华为要快速增长，就意味着要从友商手里夺取份额，这就会直接威胁到友商的生存和发展，就可能使我们在国际市场上到处树敌，甚至遭到群起而攻之的处境。但华为现在还是很弱小，还不足以和国际友商直接抗衡，所以我们要韬光养晦，要向拉宾学习，以土地换和平，宁愿放弃一些市场、一些利益，也要与友商合作，成为伙伴，和友商共同创造良好的生存空间，共享价值链的利益。

华为开始享受这种策略带来的成果，并通过自己的策略，赢得了 ICT 领域众多参与者的信任。

我们已经在很多领域开展与友商的合作，经过五六年的努力，大家已经能接受我们了，所以现在国际大公司认为我们越来越趋向于他们的朋友，会不断加强合作会谈。如果都认为我们是敌人的话，我们的处境将会变得很困难。所以这些年，我们一直在跟国际同行在诸多领域携手合作，通过合作取得共赢、分享成功，实现"和而不同"，和谐以共生共长，不同以相辅相成，这是东方古代的智慧。华为将建立广泛的利益共同体，长期合作，相互依存，共同发展。

09 / 提高管理效率：对内战术路径

企业常常通过规范流程来实现日常运营的格式化，控制管理需求，尽量把管理变为只针对例外的管理。但无论如何，只要管理还有存在的必要性，它归根到底还是对人的管理。

对人的管理，不可避免地涉及如何看待人的问题，而这些又进一步涉及一个具体运营环境所特有的文化、历史、习俗、民风、主流价值观、社会运营整体效率和水平、员工的整体通识教育水平和人的心理定式等一系列难以把握的因素。对于这些因素的研究，构成了复杂而多样的理论，揭示了复杂而多样的可能性。华为自然也无法避免要面对这种难以把握的多样性和可能性。

在这些错综复杂的种种可能性之中，在现代企业管理理论和实践中，我们还是可以摘取几个具有普遍性的管理原则问题，对华为在管理理论和实践中的倾向、选择、风格、特点等，做一个笼统而简化的梳理。

我们发现，起步于中国而成长为世界性公司的华为，不可避免地在其管理中，展现出广泛意义上的东西方不同管理风格的跨界和融合。这种跨界和融合，主要体现在以下三个方面：一是集体主义为主、个人主义为辅，二是专注趋中主体、忽略长尾个例，三是强调奋斗精神、调和专业主义。这三者的共性是：以主体为主，以个体为辅。

集体主义的本质，是对多数人利益的认可和对少数人利益的压制。承认多数人利益的优先权，以及在矛盾无法调和时通过牺牲少数人的利益来维持多数人利益，是以中国为代表的东亚文明的基本特征之一，它既把人群视为一个统一集体的结果，也把人群视为形成一个统一集体的原因。集体主义，因为其中多数人的利益能够得到保障，从而导致这部分成员对集体主义原则的维护和加强，同时，由于内部非主流势力的利益被侵蚀，导致这部分成员的反对能量逐步减弱。因此，集体主义精神是自我强化和自我实现的。集体主义得以持续的基础，除了文化和价值观上的因素，主要在于它对于利益的主动追求，而这种追求和群体中多数成员的需求相吻合。可以说，集体主义是进攻性的群体管理精神。

反观个人主义，就不存在这种自我强化和自我实现的机制。由于个人主义强调个体的独特性，因此难以在群体中形成统一标准和一致意见，只能在不同个体的不同利益诉求之间，被动形成一种互相制约的机制。群体认可每一个成员利益诉求，从而约束群体作为一个集体对个体的管控（当然，这种利益诉求必须是逻辑上普适的，即它不能以牺牲他人同等权利为代价，从而保证这种权利在全体成员普遍行使时,不会导致该项权利的自我毁灭。比如,要求对私有财产进行保护和禁止单方面修改合约,就是逻辑上普适的,而权力寻租和暴力敛财,则不可能是全体成员同时行使的权利,并且会导致其权利的自我毁灭,正如权力寻租会导致自己的权力被更高的权力践踏,而暴力敛财则会导致敛来之财有可能被更强大的暴力敛走)。因此,个人主义往往需要外来的力量支撑其运行的基本框架。这种力量必须是超然的,否则就会变成群体的一员。当部分成员利益在特定时空内统一化而形成集体主义趋势的时候,这种外来力量会对集体主义趋势形成足够的制约、平衡、扭转。这种力量,就是起源于文艺复兴,在二战后达到高峰的西方价值观体系,其核心包括对人性的尊重、自由主义、契约和规范精神。这些价值观作为一个群体的外在强大力量,保证了个人主义在其中的持续存在。

和集体主义比起来,个人主义更多的是预防个人利益被侵犯,而非关注成员总体利益最大化。可以说,个人主义是防御性的群体管理精神。

华为作为一家在超过170个国家和地区运营的全球性公司,员工群体不仅是国际化的,且其中有大量的科学家,而科学家普遍具有的独立意识和批判性思维,令华为不可能像传统产供销公司一样,推行模式化的劳资关系管理机制。同时,任正非作为一个历来强调"集体奋斗"的中国人,其管理思想和文化特点,又不可避免地带有对集体主义的倾向。

公司倡导集体主义下的个人英雄主义。我们允许个人英雄主义，但你先要有集体主义。

那么，这种基本矛盾，或者说这种文化气质和现实需求之间的对立，应如何化解呢？我们认为，任正非的解决之道大体分为两点：一是通过推行专业化和标准化管理，弱化文化特色在管理中的作用和影响；二是基于实事求是精神进行定制化管理，即针对不同文化背景、不同工作职责的员工，采取不同的管理方法。前者是方向，是基础，是主流；后者是探索，是妥协，是支流，并会随着管理能力的提高，逐步且分阶段地并入前者中，成为前者的组成部分。

我们一直认为，基层员工可以温暖幸福、快乐平凡，因为他们是被指挥者。但中、高级干部、专家和有追求的中层和基层员工，应该勇于奔赴洪流之中……既然胸怀大志，就要有相应的付出。我们要增加专家和专业人员的数量配比，公司运行规范化后，主管的数量减少，专家及专业人员的数量要有所增加。

对待专家，当然不能同销售人员一样，必须使用不同的考核方法。

对专家以岗定级、以产品规模定岗的机制要废除……有些探索性、未来型研究项目是对不确定性的探索，短期很难出结果，但长期很有价值，要持之以恒地攻坚突破，所以，不仅要坚持长期投入，更要对专家以及他的研究团队考核，在开始的时候，就要建立一个合理的评价体系，可以用形象进度，基于研究的进度和过程结果对专家给予肯定。如果按照我们现在的考核机制，"梵高"是会饿死的。

对科研的评估，不能简单地使用成败和当期效益作为衡量标准。

对失败的项目也要给予客观评定。在不确定项目中，坚决支持给予专家空间，要认可失败的研究与创新项目也是成功。特别是研究项目，大部分都可能会失败的（如果大部分是成功的，那说明太过于保守了），但至少培养了人才。不能因为研究项目失败，就全盘否定，也不能因为研究项目成功，就全盘肯定。

对新来者，对拥有特殊能力的人才，需要给予更大的耐心和更加订制化的管理和评估。

要给予外来专家、新进博士、天才少年适当的辅导、合理的评价和耐心的等待，他们是我们明天的希望。他们一时还摸不清公司的架构，一时半会儿作不出大的贡献……对外招专家要尊重，他们的外部经验是对我们内部的一个补充，同样可以放开对他们任职资格的认证，不受是否对公司有直接贡献、是否有核心交付件的约束。

管理能力的提高，在某种意义上，就是专业化和标准化流程所能涵盖和处理的管理对象的占比的提高。例外管理的需求越多，说明管理能力越弱，因为例外管理需要消耗更多的管理资源，会拉低整体管理效率。

华为由于短暂的成功，提供给干部员工的待遇比较高，出现了许多明哲保身的干部。他们事事请示，教条式执行领导的讲话内容，生怕丢了自己的乌纱帽，成为对事负责制的障碍。对人负责制与对事负责制是两种根本（不同）的制度，对人负责制是一种收敛的系统。对事负责制是依据流程及授权，以及有效的监控，使最明白的人具有处理问题的权力，是一种扩张的管理体系。而现在华为的中高级干部都自觉不自觉地习惯了对人负责制，这导致流程化IT管理推行困难。职业化、规范化、表格化、模板化的管理还十分欠缺。

如果说在技术实力方面，华为一直有着可能被后来者赶超的急迫感，那么在内部管理领域，任正非的急迫感更强。

我们还无法做到把事情一次做正确，很多工作来不及进行系统思考就被迫匆匆启动。管理效率的低下给我们带来了巨大的压力。面对国际化的残酷竞争，我们必须提升对未来客户需求和技术趋势的前瞻力，未雨绸缪，从根本上扭转我们作为行业的后进入者所面临的被动挨打局面；我们必须提升对客户需求理解的准确性，提高打中靶心的成功率，减少无谓的消耗；我们还要加强前端需求的管理，理性承诺，为后端交付争取到宝贵的作业时间，减少不必要的急行军。

从逻辑定义来说，管理效率就是一个集体在发现、储备、打造并实现其选定领域内商业潜力的效率，即在其参与竞争的领域内的产出效率，也就是利润的投入产出比。利润规模本身不反映管理效率，因为靠加大投入，就可实现产出的增加。唯有单位投入所能产生的利润比例，才能反映管理效率。这种管理效率的高低，当然是由和同行业水准及其他行业的横向对比来决定的，在一个充分竞争、没有非商业壁垒和限制的市场中，管理效率反映的就是企业的竞争力。技术的进步、专利的积累、产品的创新、人才的优势等所有这些关键要素，都需通过对管理效率的提高，实现其价值。如果没有管理体系来协调和统筹所有内部资源，则所有的资产要素都可能变得无效或低效，形成浪费。

因此，提升管理水平，是任何一家在充分竞争环境中进行运营的公司的必选项，在内部资产要素已经具备之后，提高管理效率是事关存亡的考验，是决定成败的关键。任正非对管理效率的认识是深刻的，从创业之初，就未曾稍改。

核心竞争力对一个企业来讲是多方面的，技术与产品仅仅是一个方面，管理与服务的进步远比技术进步重要。这10年来，公司深深地体会到这一点。没有管理，人才、技术和资金就形不成合力；没有服务，管理就没有方向。近两三年来，公司投入巨大，在国际顾问公司的帮助下，建设企业IT。管理已有进步，但还远远不够。管理的创新对高科技企业来说，比技术创新更重要。华为在发展中还存在很多要解决的问题，我们与西方公司最大的差距在于管理。

有效提高管理效率是企业的唯一出路。客户的本能就是选择质量好、服务好、价格低的产品。而这个世界又存在众多竞争对手，我们质量不好，服务不好，必是死路一条。如果质量好、服务好，但成本比别人高，我们可以忍受以同样的价格卖一段时间，但不能持久。因为长期消耗会使我们消耗殆尽。在互联网时代，技术进步比较容易，而管理进步比较难，难就难在管理的变革触及的都是人的利益。因此，企业间的竞争，说穿了是管理竞争。

高效的流程化运作就是提高企业整体管理效率的道路。

要达到质量好、服务好、运作成本低，优先满足客户需求的目标，就必须进行持续的管理变革；持续管理变革的目标就是实现高效的流程化运作，确保端到端的优质交付。只有持续管理变革，才能真正构筑端到端的流程，才能真正职业化、国际化，才能达到业界运作水平最佳，才能实现运作成本低。

华为通过流程化运作提高管理效率的主旨和主线，就是"面向客户的端到端的服务流程"。

通过流程化，可以减少端到端之间多余的层级、组织和人员。以客户为中心，用是否能更好满足客户需求，作为管理改进的决策依据，就可以减少对人的依赖，通过流程化的高效来促进端到端之间服务的顺畅进行。

高效的流程必须有组织支撑，必须建立流程化的组织。建立流程化的组织，企业就可以提高单位生产效率，减掉多余的组织，减少中间层。如果减掉一级组织或每一层都减少一批人，我们的成本下降很快。规范化的格式与标准化的过程，是提高速度与减少人力的基础。同时，使每一位管理者的管理范围与内容扩大……我们持续进行管理变革，就是要建立一系列以客户为中心、以生存为底线的管理体系，就是在摆脱企业对个人的依赖，使要做的事，从输入到输出，直接端到端，简洁并控制有效地连通，尽可能地减少层级，使成本最低，效率最高。

标准化、流程化、专业化成为华为提高管理效率的首要手段。以奋斗精神和主人翁精神为代表的企业文化，必须建立在流程化的管理体系之上，而不是之外。流程化的管理体系，是根本，是基础，是主体，企业文化则是能促使这个体系效果最大化的添加剂和催化剂。

要把可以规范化的管理都变成扳道岔，使岗位操作标准化、制度化。就像一条龙一样，不管如何舞动，其身躯内部所有关节的相互关系都不会改变，龙头就如营销，它不断地追寻客户需求，身体就随龙头不断摆动，因为身体内部所有的相互关系都不变化，使得管理简单、高效、成本低。按流程来确定责任、权利，以及角色设计，逐步淡化功能组织的权威，组织的运作更多的不是依赖于企业家个人的决策。

因此，从某种意义上说，管理者的重要性和企业的管理水平，尤其是管理体系的质量，是成反比的。一个高效的管理体系，虽然离不开人的参与、贡献、执行和调整，尤其是在现有流程尚未覆盖的例外管理领域，但不等于离不开人的个体性，或者说作为人的个人特点。这种个人特点，无论好坏，都无法避免波动性和离散性，都会削弱系统的综合能力。

回到集体主义和个人主义的对比上，我们认为，集体主义和个人主义两种风格本身，并不决定管理效率的高低，必须结合管理环境来评估各自的价值。在不同的竞争领域，会有不同的结论。以战争为例，这可以称得上是对集体主义有较高要求的人类活动。同样是战争，不同时代、不同武器条件下，集体主义和个人主义对战争成败的影响也不同，并不存在统一的结论。例如在过去30余年，美军发起的战争中，对军人集体主义的提倡，就逐渐让位给对每个战士的专业化训练及其在战场上对具体态势的主动处置。即使在像足球比赛这种集体主义不可或缺的体育运动中，也存在依托于个人能力和临场发挥的拉美风格。而华为所在的ICT领域，在科学研究、产品研发等前端领域内，每个团队甚至每个员工的工作都有明确界定，并不需要集体主义的加持；即使在区域销售、项目管理、客户服务领域，往往需要的也只是对内部资源的协调和统筹，相关人员只要通过培训获取相应能力即可，在执行层面并不需要集体主义的大旗。集体主义，与其说是管理的现实需求，不如说是一种心理背景。所有需要在集体主义旗号下作出的小团队和个人的妥协、退让和牺牲，都可以通过管理章程、决策流程、绩效设计以及SOP[①]来实现。

任正非对集体主义有自己的理解和阐释，并且有时试图推广自己的定义，从而混淆了英雄主义、个人主义、集体主义、奋斗精神

---

① SOP，Standard Operating Procedure 的首字母缩写，中文指标准作业流程。

几个表达的常有外延，造成华为内部语境中对集体主义理解的不一致。以下这段论述就是这种混乱的代表。

我们要相信绝大多数员工是英雄。这是一个英雄辈出的时代，华为的英雄会越来越多……我们对英雄没有一定的模式和要求，更多的是鼓励。我们要形成一支英勇无畏、头脑清醒、方向清晰的奋斗队伍。在集体主义中的个人主义是允许的，因为每个人都有差异，每个人都有自己的思想。但是个人主义是为了这个集体，使我们的队伍五彩缤纷，在竞争中团结，在团结中竞争。华为公司就是典型的个人主义，我们的个人主义就是要创造价值，为国家作出贡献，我们至少向中国政府缴了3000亿元的税。我们的集体主义就是国家主义。

我们的结论是：任正非和华为对集体主义的宣导，只是文化背景下的惯性不舍，而且除了文化层面，也没有体现在其管理实践中，是一种可以理解的"画蛇添足"。

轮值CEO制度，也体现了任正非对管理效率的独特认识。

以美国为代表的当代管理制度的最大特色之一，就是董事会任命下的职业经理人负责制（这里的职业经理人包括总经理、总裁、MD、CEO等，以下行文统一用CEO来代称）。在这种制度下，虽然董事会和监事会在理论上有权、在流程上有机制去制约CEO，但一般来说，CEO一人拥有极大的权力，在董事会大方向指导下可以决定企业的战略制定、战略分解、管理团队建设、路径选择、进度规划、投资方向、收并购决策、研发方向、市场选择、产品和服务定位及企划、定价、财务风险控制、管理结构制定、定员定岗原则、薪酬体系建立、企业文化和形象建设、营销投入、渠道策略选择、供应链管理、生产流程改善和重建、后勤保障和服务支持系统建设等全方位领域。可以说 CEO 会极大改变、决定、扭转或创造一家企业的表现和命运。

与此同时，针对以 CEO 为代表的高管团队的薪酬体系，往往是"增长导向"的，尽量激励他们获取快速增长。所谓增长，实质上要么是收入的增长，为的是增加市场份额，要么就是利润的增长，为的是增加股东红利。对形成收入和利润增长的系列链条中的其他链条，也就是一般所说的过程指标，往往一笔带过或忽略不计。这样，以 CEO 为代表的高管团队就会有无限的动力去争取收入和利润的增长，往往为此采取激进的和短期见效的手段，毕竟这关系到自己的收入。

当有机会和有能力利用一个组织的集体资源，来创造收入或利润的高速增长，并从中受益，没有人会拒绝这种机会。对以 CEO 为代表的高管团队来说，最坏的结果就是被辞退，不会剥夺已有收益。这种明确而有限的最大风险和近乎无限的收益可能结合起来，就构成了当代管理制度中一个常见的失衡，即管理者的有限风险和无限收益预测之间的失衡，也就是风险预期和收益预期之间的失衡。这种失衡促使管理者尽最大可能去搜寻、追随、启用或强化那些最有可能给企业带来快速增长的管理策略、工具和方法，而忽视或无视这些管理策略、工具和方法对企业长期和可持续发展所带来的即时或潜在风险，哪怕这种风险是潜在致命的，哪怕某些管理行为带来的后果是不可逆或难以修正的。

通过股权尤其是期权的设定，辅以行权的条件限制，可以部分地削弱这种失衡，但是未来的不确定性本身，尤其是长期收益预测的不确定性及其需要等待的事实，往往抵抗不了短期收益的确定性及快捷性。一个固定年薪 100 万美元的 CEO，如果他的首个任期内，其潜在收益预期能够超过 5000 万美元甚至更高，而其 5 年或 10 年股份行权收益哪怕数倍于此，他往往也会不顾一切地去完成董事会给他设定的当期 KPI[①]，而不会停下脚步，去思考自己的做法会对这家企业的长期和可持续发展造成怎样以及何种程度的损害。为行文便利，让我们把这种失衡叫作"CEO 管理失败风险和潜在收益之间的单向失衡"，简称"CEO 陷阱"。

当然，对那些企业创始人自任 CEO 的企业来说，CEO 陷阱出现的概率会大大降低，因为创始人一般不会为了短期目标而牺牲长期发展。但是随着企业规模的扩大、管理复杂度的提高，企业往往不可避免要任用职业经理人。任正非面对同样的问题，他对人心和商业逻辑的洞察，使他主动规避了 CEO 陷阱。他的解决之道就是经营高管团队轮值 CEO 制度。

轮值 CEO 在轮值期间是华为公司最高级别领袖，我和董事长是虚位领袖，行使的是否决权，我们不行使决策权，决策权属于轮值 CEO 领导下的常务董事会。当然，董事会结构还没有完善，我们会用三五年时间把这个结构改到完善。

---

① KPI，Key Performance Index 的首字母缩写，中文指关键业绩指标，是通过对组织内部流程的输入端、输出端的关键参数进行设置、取样、计算、分析，来衡量和判断绩效的一种目标式量化管理指标。

任正非用词词频统计显示,"管理"二字以绝对优势位居第一。或许下面这段话,可作为任正非对管理的看法:

所有公司都是管理第一,技术第二。没有一流管理,领先的技术就会退化;有一流的管理,即使技术二流也会进步。技术能否决定公司的命运现在也是个问号。

10 方法论总结

本章对任正非的方法论进行了总结和解读。当前，虽然我们并没有试图在任正非的各条方法论之间建立联系，并把它们组合成一个严密而有机的整体，而且我们也不认为任正非的方法论具有这种结构上的完整性和内容上的严谨性，但是，当我们回头审视其内容时，我们发现还是可以在其中搭建起某种大致结构，建立起一些逻辑关系，以帮助读者更直观地观察任正非的方法论。

首先，任正非方法论中统领一切的原则、基础、出发点，是实事求是。在此基础之上，他用四个文化和气质建设中的方法论工具，结合四种落地执行和发展路径中的另外四个方法论工具，共同组成了他的方法论工具箱。原则、文化、路径三个分组，在实践中各有功能又互相交叉，并不存在泾渭分明的界限。

在文化类别中，以专注求生存，以冷静判断和危机意识来求持续生存，在内部提倡奋斗精神，在外部体现出不屈不挠的精神。从某种意义上说，这种不屈不挠的精神，正是内部奋斗精神的外在反映。

在路径类别中，通过学习先进者、积累技术实力，为发展奠定基础；通过投资基础研究等来投资未来，构筑起长期持续发展的保障。对外以开放包容的精神，通过广泛合作，实现对客户利益的最大保证和服务，并和行业内众多利益相关方形成多方共赢的利益共同体；对内则通过提高管理效率，降低成本，提高产出，简化流程，以保证并驱动企业综合实力的提升和优化。

如果用图来展现，则应该如图 2-1 所示：

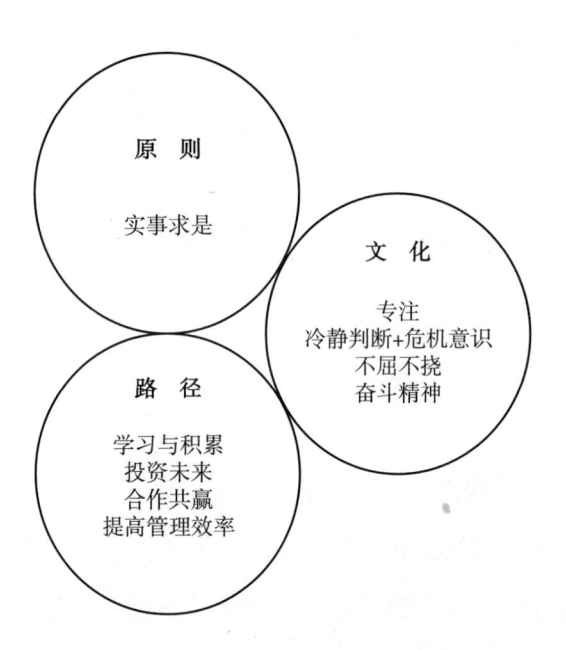

原 则
实事求是

文 化
专注
冷静判断+危机意识
不屈不挠
奋斗精神

路 径
学习与积累
投资未来
合作共赢
提高管理效率

图 2-1　任正非方法论工具箱

第三章 管理哲学

灰度中的平衡

HUAWEI

一个清晰方向，是在混沌中产生的，是从灰色中脱颖而出，而方向是随时间与空间而变的，它常常又会变得不清晰。方向并不是非白即黑，非此即彼。合理掌握合适的灰度，是使各种影响发展的要素在一段时间和谐，这种和谐的过程叫妥协，这种和谐的结果叫灰度。灰度不是对科学研究而言的，是对管理而言的。因为如果几千人、上万人没有妥协，就没有团结，就形不成合力。

任正非的管理哲学，用他自己的话说，就是灰度，即黑白之间的某种中间状态，一种妥协之后的平衡。这种平衡需根据经营环境、发展阶段、战略调整、战术变化、行业态势变动、技术突破、市场趋势变化、国际政治和产业政策的演变等进行调整。对这些不同尺度上的平衡点的调整，既反映了现实的变化和压力，也反映了决策者对当前的判断和对未来的预测。

此外，平衡点也受决策者个人世界观、方法论的影响，因此往往难以给出令人信服的论证，只能基于一种综合、模糊、直观、大概的判断给出结论，并通过针对内部员工不厌其烦地宣讲来替代其论证过程，从而减少理解难度和执行阻力。

正因为这种模糊和主观特性，加上这种平衡点动态调整的必要性，任正非的灰度管理哲学，只能是一个指导性的总体理论，难以推广成为全体管理人员的共同准则。在实践中，它只能通过大量的决策、执行、评估等具体管理行为，尤其是任正非本人对这些管理行为的臧否和评价，来展示其应用的范围，并标示出一个大概的平衡点。

坚持与妥协，不仅不自相矛盾，反而可以相互补充。

坚持正确的方向，与妥协并不矛盾，相反妥协是对坚定不移方向的坚持。当然，方向是不可以妥协的，原则也是不可妥协的。但实现目标方向过程中的一切都可以妥协，只要它有利于目标的实现，为什么不能妥协一下？当目标方向清楚了，如果此路不通，我们妥协一下，绕个弯，总比原地踏步要好，为什么要一头撞到南墙上？

在任正非看来，妥协之所以被一部分人当成软弱，是因为他们的思维尚处于"非此即彼"的简单层面，而没有意识到在人类社会交往中，妥协恰恰体现出了成熟的理性，是人际交往中平衡不同利益的智慧。

在一些人的眼中，妥协似乎是软弱和不坚定的表现，似乎只有毫不妥协，方能显示出英雄本色。但这种非此即彼的思维方式，实际上是认定人与人之间的关系是征服与被征服的关系，没有任何妥协的余地。妥协其实是非常务实、通权达变的丛林智慧，凡是智者，都懂得恰当时机接受别人的妥协或向别人妥协，毕竟人要生存，靠的是理性，而不是意气。妥协是双方或多方在某种条件下达成的共识，在解决问题上，它不是最好的办法，但在没有更好的方法出现之前，它却是最好的方法。

对于如何拿捏妥协的度，避免妥协退化为对原则的放弃，就要区分明智的妥协和不明智的妥协。

妥协并不意味着放弃原则，一味地让步。明智的妥协是一种适当的交换。为了达到主要的目标，可以在次要的目标上做适当的让步。这种妥协并不是完全放弃原则，而是以退为进，通过适当的交换来确保目标的实现。相反，不明智的妥协，就是缺乏适当的权衡，或是坚持了次要目标而放弃了主要目标，或是妥协的代价过高遭受不必要的损失。明智的妥协是一种让步的艺术，妥协也是一种美德，而掌握这种高超的艺术，是管理者的必备素质。

妥协作为一种方法上的原则，作为一种手段，对实现目标的意义重大。

只有妥协，才能实现双赢和多赢，否则必然两败俱伤。因为妥协能够消除冲突，拒绝妥协，必然是对抗的前奏；我们的各级干部如果能真正领悟妥协的艺术，学会宽容，保持开放的心态，就能达到灰度的境界，就能够在正确的道路上走得更远，走得更扎实。

2018 年 3 月，华为的蓝军组织在高研班上组织了一场对任正非的批判，并总结为"任正非的十宗罪"，在华为的心声社区公开发表。其中的第四条是：不能把中庸之道用到极致，灰度灰度再灰度，妥协妥协再妥协。

员工和管理层的困惑和反感是可以理解的，因为除任正非本人外，没有人可以辨识灰度平衡的明确位置。标在尺子上的任何一点，都有可能被认为偏左了或偏右了，等到好不容易摁住了平衡点，情况又有变，又需要调整，或者任正非认为需要调整了。找平衡点的游戏推倒重来，看不到胜利的曙光。

简言之，这种哲学归根到底只能由任正非一个人来定义、判断、评估，其他人只能通过任正非的大量实操，摸索出其大致的应用范围和程度。本书就是对这种哲学进行摸索的一次外部尝试。旨在借助在较长的时间轴上，宏观俯瞰的优势，以及旁观者所独有的客观态度和冷静心理，总结、归类、解构、重构任正非的灰度管理哲学，并用量化的方式，标示出在每一组灰度平衡中，任正非管理哲学在长期表现中大概的平衡点。读者当然应该认识到，鉴于这种平衡点总在动态调整中，以及任正非本人对平衡点判断的个人主观色彩，本书给出的量化平衡点，只是对任正非动态灰度平衡的趋中范围的大致表达。

对于任正非这样经历丰富、见解深刻的人来说，所有有可能成为企业经营思路的想法和表达，一定都曾出现在他的脑海中。而在华为几十年来的发展道路上，一定也充满了现代管理中所有可以想象得到的挑战，所以可以推定，各种针锋相对的经营思路、所有可能给企业经营带来助益的管理理论和手段，哪怕它们只有极小的可能性会成功，任正非都一定思考过、比较过、尝试过、总结过。因此，在任正非几十年来的大量讲话和行文中，出现看似截然对立的观点再自然不过了。如果纠缠于不同观点间的罗列和调和，就会陷于对字面的狭隘理解，扰乱对任正非管理思想的总体把握，抓不住其主要脉络。那些多样的观点，目的不同，重点不同，角度不同，听众不同，环境不同。我们只有甄别他不同思路所针对的不同环境和问题，区分不同表达的力度和应用广度，尤其是要理解不同提法在平衡拿捏中的深层逻辑，才不会迷失于表面的繁杂，才能在看似自相矛盾、令人无所适从的表达和应用中，发现任正非管理哲学的主脉络，并以此反过来理解那些表面的繁复和多样。

01 坚持 vs 变通

无论是个人还是组织机构，想要成功，都需要坚持——对具体目标的坚持，保持了大方向上的一致性；对实现目标过程中某些手段的坚持，反映的是以价值观为基础、以方法论为主体的路径选择。

大方向上的一致性，体现在企业运营中，即企业的战略定位，企业选择在哪个领域参与竞争。对华为来说，这个大方向，就是以信息管道和端口接入系统为主航道的 ICT 领域。本书前面对此已有论述，此处不赘。

所谓原则，是指个人或组织机构在实现目标的过程中，必须遵守的行为准则，它既可以用正面的方式表达哪些是必须要做的，也可以用负面的方式表达哪些是绝不可以碰的。在现代企业运营和管理中，既有通行的，也有体现企业独特价值观和风格的行为准则。

通行的部分，一般来说，包括但不限于以下几点：遵守运营所在地区法律；尊重运营所在地区在宗教、文化等领域的民俗；禁止行贿受贿；禁止泄露公司机密；遵守员工守则；服从管理；禁止基于种族、性别、年龄、信仰等领域的歧视，同工不同酬。这些通行原则，反映的是人类社会对基本规则和价值观的共识。

个人或组织独特的行为准则，则是在不违背上述人类社会的共识的前提下，各个主体基于生活经历、成功和失败经验、所处文化和文明环境、所处发展阶段、不同的世界观、不同的价值观、不同的知识和教育背景、不同的方法论、不同的目标、不同的路径偏好等因素，所自主设定的一套准则。组织的创始人和核心经营者，通过自己对组织的影响力或决策权，往往会把自己个人的准则，转变为组织机构的准则。正如任正非作为华为的创始人，自觉或不自觉地就会把自己的准则，转变为华为的准则。

任正非和华为的准则，较为完整而具体地体现在《华为基本法》中。

在华为参与竞争领域的外延上，《华为基本法》中有：华为的追求是在电子信息领域实现顾客的梦想，并依靠点点滴滴、锲而不舍的艰苦追求，使我们成为世界级领先企业。为了使华为成为世界一流的设备供应商，我们将永不进入信息服务业。

在公司股权和分配原则上，《华为基本法》中有：我们实行员工持股制度……我们实行按劳分配与按资分配相结合的分配方式。

在战术原则上，《华为基本法》中有：我们坚持"压强原则"，在成功关键因素和选定的战略生长点上，以超过主要竞争对手的强度配置资源，要么不做，要做，就极大地集中人力、物力和财力，实现重点突破。

在研发投入上，《华为基本法》中有：我们保证按销售额的10%拨付研发经费，有必要且可能时还将加大拨付的比例。

在用人原则上，《华为基本法》中有：我们不搞终身雇佣制，但这不等于不能终身在华为工作。我们主张自由雇佣制，但不脱离中国的实际……我们不会牺牲公司的长期利益去满足员工短期利益分配的最大化，但是公司保证在经济景气时期与事业发展良好阶段，员工的人均年收入高于区域行业相应的最高水平……公司在经济不景气时期以及事业成长暂时受挫阶段，或根据事业发展需要，启用自动降薪制度，避免过度裁员与人才流失，确保公司渡过难关。

一方面，华为对公司战略定位、路径选择、公司文化等领域的原则的坚持，体现了任正非在价值观、方法论等领域中的个人特色，也反映了他的思维和手段在时间轴上的一致性。另一方面，大量华为离职员工的故事证明，任正非是一个多变的人，在想法上，在表达上，在对人的态度上，在对机会的判断上，在对华为的打磨和改造上等都极其多变。

这种表面上的矛盾，可以调和吗？这种矛盾性，究竟是真正的矛盾，还是相互制约和依存的共生现象呢？我们认为是后者。

任正非思维总体的一致性，既反映了其思考的深刻，因为唯有深刻的思想，才能穿越时代的众多波澜，仍能维持其判断的有效性，也反映了基础管理要素的鲁棒性，因为万变不离其宗，基础管理要素，如专注、规范化、流程简化、创新、开源节流、以客户为中心、提升士气等，直接决定了一家企业竞争力的高低和市场成败，并不需要高超的智慧和复杂的概念来证明其重要性和价值。

通观华为的发展史和任正非在不同时期的讲话内容，可以发现，任正非的一致性，主要体现在其世界观和方法论领域。任正非哲学的多变性，主要体现在其管理实践中。他曾考虑将公司上市，后来又决定不上市，将企业使命从"为了生存"改为"为全人类服务"，在经营过程中不断变化和调整管理重心和业务外延，尤其是在美国制裁压力下，选择出售荣耀品牌断臂求生，调整高管团队成员，在公关策略上从低调转型为高调等。

简言之，正是因为世界观和方法论上的一致性，才有了管理实践中多种多样的变通。

由于世界观和方法论是基础，具有很强的稳定性，加上有任正非和华为几十年来经验和成功的洗礼、验证和强化，因此它们可以提供更多的空间和弹性，供任正非和华为在管理实操中，尝试更多的可能性，而不用担心基础的削弱或崩溃。也就是说，在世界观和方法论的稳定性基础之上，任正非的整体管理思想反而可以表现出更强的多变性。也正是基于对这种基础的信任，在任正非的管理哲学中，尤其是在其管理实践中，在坚持和变通这个尺度上，任正非展现出了对变通的鲜明倾向。

例如 2020 年 11 月，他选择出售荣耀品牌。

在产业技术要素不可持续获得、消费者业务受到巨大压力的艰难时刻，为了让荣耀渠道和供应商能够得以延续，华为投资控股有限公司决定整体出售荣耀业务资产……共有30余家荣耀代理商、经销商联合发起了本次收购，这也是荣耀相关产业链发起的一场自救行为。

多数读者都知道华为没有选择通过上市将自己变成公众公司，但在历史上，华为其实是考虑过上市的。但任正非经过深思熟虑，反复衡量外来资本介入华为发展的利弊，才有了华为不再考虑上市的决策。

很少有上市公司能变得又大又强，资本的本质就是贪婪。但我们是一家私营企业，所以我们一直致力于实现我们的长期目标。

外界对我们公司上市问题议论纷纷，我负责澄清一下。董事会20多年来，从未研究过上市问题，因为我们认为上市不适合我们的发展。最近徐直军对某运营商高层的讲话，是代表了董事会意志的。徐直军说："未来5~10年，公司不考虑整体上市，不考虑分拆上市，不考虑通过合并、兼并、收购的方式，进入资本游戏，也不会与外部资本合资一些项目，以免被拖入资本陷阱……"我完全支持他的意见，因此关于公司要上市的传闻是没有依据的。

避免资本介入的另一个考量在于，华为不愿在行政改革时受到资本的约束。

企业不上市，在平衡企业对股东回报的当期成果和企业发展的长期布局中，能够避免企业受到股东和投资人的压力，并保证了企业决策层可以从长期最优的角度来规划企业发展路径的自由。同时，一家不上市的企业，也因承担相对较小的向监管机构和公众进行信息披露的责任，公司在战略方向、路径选择、投资计划、市场布局等众多领域，就会拥有"敌明我暗"的市场竞争优势。在美国对华为发起并领导的打压和围堵中，这种信息披露责任免除所带来的优势已经荡然无存，华为的所作所为，正在被时刻观察、监测、分析和披露。同时，这种打压和围堵对企业生存和发展带来的挑战，尤其是对华为通过市场发展来保证技术投入的策略的遏制，让人难以预测华为的行为反应。如果在未来的某一时刻，华为重新考虑上市，也是有可能的。企业是否上市从来就不是一个原则性问题，而只是一个最佳路径的判断和执行问题。因此，当条件、环境、压力、挑战等综合条件发生变化时，原本需要避免的路径，有可能演化为新局面下的最优选项。

面对前进路途上各种涌现出来的机会，必须有取有舍，才能把握和维持大的方向。

如果我们"东一榔头、西一棒子"，注定是失败的，应该坚定不移地在正确的方向上努力，才有可能成功。后来我们把奋斗目标叫作"方向大致正确"，绝对正确的方向不存在，大致正确就可以了。

对方向的大致判断，是在原则和变通之间作出抉择的依据：大方向对，决定了对原则的坚守；方向的局部调整，体现了变通的必要性。

我们强调，要坚持客户需求导向。这个客户需求导向是指理性、没有歧变、没有压力的导向，代表着市场的真理。有压力、有歧变、有政策行为导致的需求，就不是真正的需求。我们一定要区分真正的需求和机会主义的需求。我们说，一棵小草，如果上面压着一块石头，它会怎么长？只能斜着长。但是石头搬走，它肯定会直着长。如果被石头压着两年，我们就做两年的需求计划，两年后，小草长直了，我们的需求也要改变。因此，我们要永远抱着理性的客户需求导向不动摇，不排除在不同时间内采用不同的策略。

任正非是一个有思想的行动派。有思想保证了其认识的深度，善于行动保证了其认识不会走进形而上学的迷宫。在方法论上，以及在对原则和变通的应用上，任正非让我们联想到了孔子。这倒不是因为孔子提倡中庸之道，和任正非的妥协与灰度有异曲同工之妙，而是因为，孔子虽然非常坚持以"仁"为标杆的道德体系和以"礼"为SOP的行为体系，但同样基于对人性的洞察和对现实条件的认识，在实践中大量采用"权"也就是变通的智慧和手段。二者的区别在于，孔子是以恢复先王之道作为自己的目标，而任正非的目标，世俗成分多一些罢了。

要敢于改变商业模式，敢于退出一些盈利不好的国家市场，敢于放弃一部分客户，少一点国家少消耗，我们聚焦提供好的服务。为什么一定要覆盖170个国家呢？要保证软件的合理利润，要从"迁就客户"变成"为优质客户服务"。

对于如何避免美国可能的打击，任正非甚至考虑过出售华为，也同样是基于生存的实用主义在特定发展阶段上的决策。

因为根据我们自己的预判，按照当时发展的状况，我们会达到世界先进水平，迟早会和美国对抗，那时美国一定会打击我们。希望卖给摩托罗拉，就是为了戴上一顶美国的"牛仔帽"，公司还是几万中国人在干，也体现出中国人的胜利。资本是美国公司，劳动是中国人，这样有利于在国际市场上扩展。

李一男（华为原副总裁）的出走，在华为的发展史上是极具代表性的一个案例，其中也反映出任正非和华为在市场布局上的坚持和妥协，以及在人才和竞争上的实用主义倾向。2000年时期，任正非有感于组织管理体系的重要性，因此大力推动华为的管理变革，并花费巨资引进了IBM的管理咨询项目。从"游击队"转为"正规军"，这是一个非常难的过程，因为环境变了，流程变了，包括职位高低、权力大小都会有变化，很多人都不习惯这种变化。任正非甚至声称"削足适履""不接受就下岗"。李一男离开的原因之一就在于此。李一男创办的港湾网络，与华为竞争得非常厉害，肯定也有证明自己的因素。2004年，华为特别成立了"打港办"，专门针对港湾网络进行打击。2005年，华为阻击西门子对港湾科技的收购，之后在2006年收购了港湾网络。

从围堵打击到重金收购，是因为华为认识到坚持斗争只会两败俱伤。对这个近乎180度的决策改变，任正非在收购完成后的欢迎词中表示：

如果我们都是真诚地对待这次握手，未来是能合作做一些事情的。不要看眼前，不要背负太多沉重的过去，要看未来、看发展。在历史的长河中，有点矛盾、有点分歧是可以理解的，分分合合也是历史的规律，如果把这个规律变成沉重的包袱，是做不成大事的……我们两股力量合起来会更强大，现在的敌人并非永远都是敌人……大家对历史会有不同的看法，交流会造成矛盾。我们面向未来，在减少矛盾的情况下，加强沟通，做到相互信任。公司处在全球历史性发展时期，如果你们想通了，双方工作小组也能达成一致，你们的回归将对中国科技史都是一项贡献。不是说你们输了，我们赢了，应该说我们双方都赢了。如果华为容不下你们，何以容天下，何以容得下其他小公司。

孙亚芳（华为公司原董事长）的相关内部讲话，体现了面对现实、面对未来的态度和胸怀，显然也代表了任正非的想法。她说："我们在'和平解决'的基本条件成熟的时候就应该有战略眼光和决断，适时抓住这个历史机遇，以一种合适的方式实现和平……继续战争不应该成为我们此时的选择。实现和平不能没有代价，也不能代价太大……这个项目这样处理是否会对华为长期发展有利，有没有原则和方向上的错误，是我们这次处理这个项目最根本的出发点和最基本的政策原则……我们双方现在要一起翻过这沉重的一页，不再纠缠历史，用宽广的胸怀和积极的姿态一起面对未来。"

在流程化中，如何保留末端流程的灵活性，也是一个妥协和平衡的问题。

我们在流程建设上也不能陷入僵化与教条，越往基层、越往使用者，应该越灵活。更应允许他们参与流程优化及优秀实践的总结。我们在主干流程上的僵化与教条，是为了以标准化实现快捷传递与交换。末端流程的灵活机动，要因地制宜，适应公司的庞大与复杂。同样都是我们的伟大。

在流程建设的战略之上，必须避免流程对流程目的的干扰，并通过流程的简化，实现流程化和目标导向间的平衡。

在未来变革过程中，我们要强调目的才是最重要的，目的就是要多产粮食、产生战略贡献和增加土地肥力，凡是不能为这两个目的服务的，都要逐步简化。变革最主要是围绕"为客户服务创造价值"来设立流程、制度，不能为这个中心服务的，我们都要简化。

我们对每一组任正非灰度平衡的对比项目，给出一个本书判断的平衡点对比分数。每一组总分设为6分，两种倾向的比分则表示它们相对的强弱。既然是两个极点间的平衡，所以就不存在6：0这样的比分。比分仅有三种组合：1：5或5：1，该组比分表示倾向强烈；2：4或4：2，该组比分表示倾向明确；3：3，该组比分表示等同视之。在坚持和变通之间，我们认为任正非强烈倾向于变通，所以坚持和变通之间的灰度平衡比分，就是1：5。

| 1 | 坚持 vs 变通 | 5 |

图 3-1　任正非的灰度管理平衡倾向（坚持 vs 变通）

02 / 专业化 vs 实用主义

任正非从创业之初,就深刻认识到企业管理必须走向专业化,认识到这种专业性在支持企业持续发展壮大中有着不可或缺的作用。因此,华为自创立初期就开始向西式管理的佼佼者学习,从生产流程到软件配套,从流程管理到项目管理,从研发管控到财务管控,从人力资源和薪酬体系到公司基础管理系统,以世界先进企业为标杆,坚持走专业化路线。

这个大方向,并不影响华为在日常管理及运营中,本着实事求是的精神,体现和贯彻与其看似对立、实则相辅相成的实用主义倾向。实用主义要求正视现有能力,以结果为导向而不是以流程为导向,在企业还无法通过专业性保证执行效率时,以实用为标准,采用定制化、临时性手段,解决当前面临的问题和挑战。

对专业化的死板遵循,可能会贻误战机,形成学院派的机械主义,降低生存概率;对实用主义的无限容忍,则有可能会牺牲组织能力的系统化建设，削弱企业发展到一定阶段后的后继动能，形成实战派的机会主义，降低发展潜能。

任正非的选择是明确的：在坚持不懈地向专业化前进的道路上，在预防实用主义对前进方向形成重大干扰的前提下，用实用主义来解决过程中的问题。

那时候（创业之初）我们不可能有什么目标，能不能活下来还不知道。我在公司最著名的口号就是：要活下来、活下来、活下来，今天我们的口号还是活下来，没有多么远大的理想……生存永远是第一位的，没有生存就不可能有发展。我从来没有做梦，去梦想怎么样，还是要实用主义来解决问题。

哪怕是个人阅读习惯，任正非的态度都体现出了实用主义。

我阅读的速度非常快，书读得很多，不知哪本书影响了我，哪件事影响了我，我脑袋里产生的想法我也找不到源头在哪。

华为在管理改进中有个"七反对"原则，其内容是：坚决反对完美主义；坚决反对烦琐哲学；坚决反对盲目的创新；坚决反对没有全局效益提升的局部优化；坚决反对没有全局观的干部主导变革；坚决反对没有业务实践经验的人参与变革；坚决反对没有充分论证的流程付诸实施。通观这七个原则，其核心就是专业化和实用主义的平衡：反对完美主义、反对烦琐哲学、反对没有业务实践经验的人参与变革，这三条属于对实用主义的提倡；而其余四条，则属于对专业化的坚持。

如何在管理实践中找到专业化和实用主义之间的平衡，当然不能仅靠直觉和现场判断，而是需要有一个宏观而明确的终极努力方向作为判断的尺度和准绳。这个尺度和准绳，就是华为存在和发展的根本目标，也是公司的使命、愿景及战略。使命，是指公司存在的理由；愿景，是指公司渴望达到的状态；战略，是指公司选择完成使命及达成愿景的路径。

华为公司的愿景是丰富人们的沟通方式和生活。使命是聚焦客户关注的挑战和压力，提供有竞争力的通信解决方案和服务，持续为客户创造最大价值。战略体现在四个方面：第一，为客户服务是华为存在的唯一理由；客户需求是华为发展的原动力。第二，质量好、服务好、运作成本低，优先满足客户需求，提升客户竞争力和盈利能力。第三，持续管理变革，实现高效的流程化运作，确保端到端的优质交付。第四，与友商共同发展，既是竞争对手，也是合作伙伴，共同创造良好的生存空间，共享价值链的利益。

现代管理理论和实践中，有一种趋势，即建立在自洽性之上的一致性。管理理论和实践，需要说得通，需要让内部参与者（员工、管理者、股东）和外部相关者（客户、供应商、合作方、政府、行业协会、媒体等）在沟通时可以表达出来，并被人理解。这就是自洽性。比如，如果一家公司基于严格的商业伦理，不允许员工和管理者收取供应商的礼物，那么它也不应允许或鼓励员工和管理者向客户赠送礼物，否则就会形成管理逻辑的不自洽。而一家公司如果要求对外部相关者要表现出礼貌和关爱，那么它就应该在内部关系上提倡同样的风格。其他比如赋予员工与其级别对应的特权、发放员工福利、遵守流程、评估绩效、升降和奖罚等，都需要有明确且一致的标准，并公平、公正地执行，不能因个人好恶、区域不同、环境特殊等而随意调整。这就是建立在自洽性基础之上的管理的一致性。

这种一致性可以通过种种明确且提前公示的限制条件，来加以分层和定制，比如规定司机的任职条件之一是 45 岁以下，或没有日常出租车服务区域可以包车，或 5 小时航程以上航班可乘坐商务舱，或某个级别以上可以享受某些特权，等等。当公司尽量减少这种限制条件，尽量把这种一致性贯彻到底，就只需用所处社会环境中的主流价值观来作为公司管理一致性不言而喻的标准，而不再需要制定公司特有的政策。这时在管理中就会体现出所谓的"政治正确"。

以美国为代表的西方企业，往往在种族、文化、性别、性取向、宗教信仰、年龄、健康状况、社会背景等方面尽量做到一视同仁。这种努力有其积极的社会意义，体现了以平等和人文关怀为目标的理想主义，但也不可避免地淡化了具体管理环境中的适配需求，通过牺牲掉部分人员、流程、政策等的适配性和工作效率，来实现管理中的政治正确。

现代企业，或多或少都会受到这种管理一致性的压力或诱惑。如何合理把握管理一致性的应用程度和范围，主动预防和最小化这种管理一致性对管理效率的削弱，同时又能不违背所处环境的主流价值观，是一个很考验管理智慧和平衡能力的问题。很多企业，表面上体现出对主流价值观理所当然的支持，其实是因为欠缺管理细化、定制化的能力，尤其是掌握这种平衡的能力。但由于相关企业的利润率足够高，足以掩盖和吸收因此导致的效率削弱，才没有形成管理中的实用主义和价值观中的理想主义之间不可调和的矛盾。

任正非在这个问题上，历来都体现出了明确的智慧，那就是以实事求是为原则，在尊重价值观理想主义的核心要素基础上，以实用主义作为明确的管理手段。

按《劳动合同法》相关规定，当一名员工为雇主连续工作10年，或者连续签订两次合同后，雇佣单位就要与其签订无固定期限合同。这意味着作为雇主的华为，将无法继续执行自己的末位淘汰制，也将丧失按管理目标要求员工提升能力，并根据员工表现作出人事决策的权力。华为通过让员工离职并重新竞聘上岗的方式，在法律允许的范围内，规避了无限期合同的签署，并规避了这些合同可能带来的奋斗精神的削弱，确保每一个员工都继续保持危机感。

这一事件可视为任正非在管理中实用主义倾向的标志性案例。尊重人才，尊重法律，但同时不能以牺牲掉企业赖以生存的危机意识和奋斗精神为代价，在保证劳动者利益的同时，也必须保证企业持续发展的动力。

任正非在管理中运用实用主义的另一个方面，就是对长尾管理成本的规避。管理中需要面对的状态和环境千变万化，不存在一套可适用于任何状态和环境、照本宣科即可成功的管理手册。但同时，通过梳理和分析管理对象的特点，尤其是其逻辑本质，便可以把看似无限繁杂的管理对象，归类为有限的群组，并开发出针对每个群组都有效的管理方法。这就是管理的专业化，其结果就是管理的流程化。

在对管理对象归类后，就会形成一个发生频次不同的正态分布，频次最高的在中间，两边依次减少。正态分布的两端，也就是所谓的长尾，它们有可能很长，但其发生的概率很低。以 SOP 作为标志的管理流程，只能针对正态分布中的中间部分，根据不同企业的实际情况（如企业流程的复杂程度、可量化的管理对象的多寡、产品和服务构成的复杂性、标准化操作的重要性的高低等），或许针对的是 80% 的管理对象，或许是 90%，或许是 98%，或许更高，并没有统一的标准。但一个基本的标准是，非流程化的管理能力，必须足以涵盖流程化管理所无法解决的问题，否则管理无法持续有效进行。所谓的非流程化的管理，就是例外管理。换句话说，流程化管理必须涵盖大多数日常管理，剩下的由例外管理处理。但例外管理能力的配备是需要成本的，而且会对具有重大意义的管理工作形成干扰，从而产生管理中的机会成本。同样，基于管理中的政治正确，为了兼顾和尊重小概率状态管理对象，大型西方企业往往会耗费大量的人力、物力，去处理这些小概率状态或事件，由此形成的就是长尾管理成本。

完全忽视长尾，属于粗放式管理，不仅会导致偶发事件进而造成重大损失，还有可能忽略掉长尾中涌现出来的新的管理需求，而这些新需求有可能会在未来形成主流，并对完全没有做好准备的管理者，形成无法解决的结构性难题。比如，在中国当代生产环境中的人力资源管理中，年青一代的需求，尤其是对自由支配时间的需求，以及对用时间换取更多报酬的接受程度，都和20年前截然不同。如果企业仍然试图通过让员工过度加班来完成紧急订单，有可能既疏远了员工，又损失了客户。但在为"黑天鹅事件"做好充分准备的基础上，适当地切断长尾，把管理精力集中到中间主体部分，可极大地节约管理成本，提高管理效率，从而提升公司总体竞争力。

有些管理学领域的专家和学者，包括很多跨国企业的CEO，往往在姿态上表达出"不忽视长尾"，有些在实践中也的确这样做了。任正非作为一个中国人，基于抓大放小的常识和实事求是的精神，从来不奢求面面俱到，从来不宣称巨细无遗，而是通过从宏观战略到具体事务的主动规划，排除掉大量的低频率管理对象。

专业性能力的提升，必须是总体性的而非局部的。这就好比如果想改善道路通过能力，单单改善其中一段，根本无法让整条道路的通过效率变高。企业各部门间的协调和配合，是保证各职能部门能力得到充分发挥的必要前提。因此，对于企业管理能力和内部效率来说，无论是推行哪种管理体系和管理思维，都必须确保全部链条和环节的同步改进，否则不仅会浪费资源，还有可能降低管理效率。

任何管理体系的推行，必须在公司具备充分条件，并且大家都理解和认识到这种系统性结构的必要性的时候，才能有效，否则各推各的，会给公司造成极大的浪费。譬如公司曾经有一段时间疯狂推 KPI，被我坚决叫停了，我认为当时推行的结果一定是"肠梗阻"，因为大家各自只看到眼前利益，不是端到端，而是段到段的变革，一定会导致局部优秀了，但全局却灾难了。如果机械地推行改革，而每个人对流程制度的理解又不一致，就会把公司改得乱成一团。

在满足客户需求时，也存在被动满足和主动满足的差别。无条件地被动满足客户需求，是专业性服务的顶点；但基于预测能力和容差适用宽度设计的主动服务，则体现了现实客服环境中的更高水准。

客户需求是一个哲学问题，而不是沟通问题，不是客户提出的就是需求。首先我们要瞄准综合后的客户需求理解，做出科学样机，科学样机可能是理想化的，它用的零件可能非常昂贵，它的设计可能非常尖端，但是它能够实现功能目标。其次，第二梯队去把科学样机变成商业样机……第三梯队分场景化开发，这个时候我们要多听买方意见，并且要综合性考虑各种场景的不同需求以后才形成意见，并不是买方说什么就是什么，这就是适合不同客户的多场景化，可能就出现价廉物美了。最后，第四梯队开始研究用容差设计和更便宜的零部件，做出最好的产品……我们以这种方式来满足客户需求，就不会让客户牵着鼻子走。否则刚满足了客户这个需求，新的机会点又出现了，碎片化会令我们完全束手无策。

任正非的实用主义精神，以及对这种实用主义的主动认识和应用，可以从2018年11月与索尼CEO吉田宪一郎的会谈中，窥斑知豹。

吉田先生的问题是："听说您是在44岁开始创业的，您是否当初就定好目标，华为一定要成为全球第一的厂家？"

对此，任正非回答说："没有……我被裁军以后，生活很艰难。从人生的高位跌到谷底，我自己要生存，还要养活父母、老婆、孩子，但找不到地方聘用我，我也不甘心，就只能创业。创业时我没钱，我们夫妻二人一共领了3000元转业费，但注册一个公司需要20000元，没办法，我只好去集资。成立公司时，我一分钱都没剩……我早期的目标，就是要生存下来。当时我并不了解这个世界，也不懂通信产业。所以说，一创业就想做世界第一，这不符合实际。"

针对同一个问题，任正非还谈到了自己在创业早期的巨大精神压力，他说："人一成功后，容易被媒体包装得很伟大，但他们没看到我们狼狈的样子……经过几年的发展，我们开始走入快车道。但越快，矛盾越多，各种问题交织在一起，真的是力不从心，我的精神几近崩溃。2000年前后，我曾是抑郁症患者，多次想自杀，每次想自杀时就给孙董事长打个电话。当时我知道这是一种病态，也知道关键时刻要求救……实际上每个人都是如此，在不同时期的心理状态都不相同，我们过去根本没想到要做世界第一的问题。有时候我说'要活下去'，并不完全指经济，还包括思想。外界神化我们，是不合乎真相的，真相是我们很无奈。"

任正非还对个人能力，尤其是创业之前是否体现出非同寻常的才能和人格魅力作出了回应："实际上，我初二以前贪玩，成绩并不好，父母管不住我。后来我当兵时，也不算优秀的军人。我没有想过要当将军这件事,当年作出一些成绩后,我曾梦想过国家是否能给我个中校军衔,结果裁军让我的梦彻底破灭了。所以,我又做了一次梦,这一次,我们同样是走过了非常崎岖的道路以后,才开始明确了自己的发展方向。"

在人力资源领域向先进者学习的过程中,任正非也明确体现出对专业性的不懈追求,同时又能基于实用主义的冷静,作出学习内容的取舍。专业化的本质就是能力标准的全球化,而且只能由其中最优秀的参与者来定义,因为唯有全球范围内的最高标准,才能在面对不同层次的对手和伙伴时,保证自身的适用性和竞争力。因此,在原则上,除非自己就是这个标准的制定者和输出者,否则自己就不可能拥有在全球竞争层面上先进的专业能力,其中当然也包括企业文化。因此,向先进者和优秀者学习时,不存在"刻意保留自身现有特色"一说。最优秀的能力,一定是体现在全球性充分竞争环境中的;最好的企业文化,一定是普适的。

什么是文化?我多次提到,华为是没有文化的,都是从世界的先进文化借鉴来的,就像洋葱一样,剥一层是日本的,再剥一层是欧美的。只要是好的文化,我们都要借鉴,包括爱立信、阿尔卡特、朗讯、思科、微软等公司,这些公司优秀的管理模式也要借鉴。剥到最后,剩下的核心是很小的,即奋斗精神和牺牲精神。其实奋斗与牺牲精神也是几千年来就有的,也不是华为创造的。过多强调华为自己的文化是没有必要的,只要这个文化与别的先进文化不融合,最后是存活不下来的。

任正非所说的"剩下的核心",确实也不是华为独有或独创的,而只是在以西方发达经济体为代表的现代企业经营中,这种奋斗精神和牺牲精神,逐渐被流程主义和专业精神所替代并被边缘化罢了。在以 ICT 和互联网为代表的新经济部门,这种流程主义和专业精神对奋斗精神和牺牲精神的替代,趋势更加明显,再加上个人主义和自由主义成为人类社会越来越普及的背景共识,奋斗精神和牺牲精神甚至有被污名化的可能。任正非为奋斗精神和牺牲精神的辩护有多个角度,但是其中最有力的,是客户角度。在为客户提供服务的目标上,专业化和实用主义,包括企业文化的实用化建设,实现了终极的统一。

时代变化太快,流程管理都是僵化的,要跟上时代变化。普适是不可能的。华为实现流程化后,就像一条蛇,蛇头随需求摆动,只要躯干和尾巴都靠关节连接好了(建立了流程化),组织管理就能跟得上变化;如果没有流程化,蛇头一转,后面就断了,为了修复这个断节,成本会很高。流程化就是简化管理,简化服务与成本。

在批评与自我批评上,基于对人性的实用主义洞察,任正非的观点也很明确。

为什么不提倡批判,因为批判是批别人的,多数人掌握不了轻重,容易伤人。自我批判是自己批自己,多数人会手下留情。虽然是鸡毛掸子,但多朝自己打几次,也会起到同样的效果。

对待变革的包容和鼓励,都需要在认可变革方向的基础上,寻求实用主义和理想主义的制约和平衡：

我们在变革中，要抓住主要矛盾和矛盾的主要方面，要把握好方向，谋定而后动，要急用先行、不求完美，深入细致地做工作，切忌贪天功为己有的盲动。华为公司的管理，只要实用，不要优中选优。

是否所有的士兵都能成为将军？当然不可能。但现代企业管理中的一股潮流，就是通过宣称"每一个人都是领袖"，重新定义组织结构的逻辑。作为一种对主人翁精神的鼓励，这种思路无可厚非；但如果因此否认基层员工和高级管理人员之间应该具备不同的能力结构，应该制定不同的培养路线，甚至否认员工入职时的教育储备水平和后续发展潜力之间的结构性差异，就有可能走向管理中的主观唯心主义，导致组织机构效率的急剧降低。

正视基层员工和高级管理者之间在定位、角色、责任、任务、目标、能力、潜力等领域的结构性差异，是很多企业家都能够做到的，但能把这种差异用得体而明确的语言表达出来的，其实并不多见。

对于高级干部可以讲哲学，哲学是模糊的东西。控制不好容易走偏，容易涉及政治及社会现象……对于基层员工，就给他们讲具体操作方法，然后按照这个方法去做。我们认为员工中多数人都是在积极地做事情，把事情做好了，就创造了价值。如果只是棵小草，是长不成大树的，那就不需要拼命地给它浇水；如果也长高成树苗了，可以啊，我们不是有重装旅吗？可以进去重装旅循环得到评价以后，我们再提升。我们不要期望每个人都成为领袖，不要让每个人去学很多东西，人是有不同的。越到基层员工，渠道越要具体化，不要给多种方案让他去选择，太多可选就不好控制，他也不知道该选择哪种方案，所以我们要做限制。

正视基层员工和高级管理者之间的结构性差异，并不是对基层员工的歧视。相反，唯有坚持这种正视，才有可能构造出一个高效的组织机构，在这个组织机构中，基层职能才有可能和高级职位一样，得到定制化管理，被赋予充分的资源支持，从而保证基层员工的潜能得到充分释放，基层职能的贡献可以极大增长，并且使基层职能的工作机会，可以成为长期的职业选项。

任正非曾用一句话总结自己的表达风格，这句话或许正代表了他对于专业化和实用主义之间实现平衡的态度和风格。他说："我不善于系统性表达，点对点的提问回答可能还比较擅长。"我们可以做个比喻：系统性表达象征了专业化的能力，而点对点的应对则象征了实用主义的智慧。

在专业化和实用主义之间，我们认为，任正非明确倾向于实用主义，所以专业化和实用主义之间的灰度平衡比分，就是 2∶4。用图来表示的话，则如图 3-2 所示：

| 2 | 专业化 vs 实用主义 | 4 |

图 3-2　任正非的灰度管理平衡倾向（专业化 vs 实用主义）

03
今天的生存 vs 明天的发展

企业首先要生存，才有机会发展。企业的生存，根本上是靠利润额，但基于企业在规模、侧重点、阶段性目标的不同，有时会体现为利润率或销售额。但这三项指标都可以统一为一条：客户对产品和服务付款的意愿。

因此，企业的生存，只能通过为客户提供被认可的产品和服务来实现。而企业的持续发展，则有赖于这种过程的持续。

企业只要在竞争中获得了一席之地，就必须同时确保今天的生存和明天的发展，并在两种关注之中取得平衡。

理论上，所有志在全球的企业，都会通过目标明确的创新和产品研发，拓展市场，增长销售，以保证当前生存，同时也必须盯着明天和远方，通过基础研究、产品的持续迭代、市场的持续扩展，以及对客户的长期服务，来保证明天的生存空间。

华为在技术发展迅猛、竞争格局日新月异的 ICT 领域参与竞争，并追求成为全球ICT设备供应和技术都领先的企业，取得上述平衡更显得极为重要。唯有在销售额、利润额、利润率三个指标上，都超越行业常态、超越竞争对手，才有可能投入更多资源，以储备面向未来的发展潜力，打造更强大的技术实力。销售额的增长，保证了市场份额的获取和客户基数的增长；利润额的增长，提供了对人才和技术实力进行建设和投入的财务基础；利润率的提升，则反映了企业综合产出效率在行业内的领先，以及客户对企业产品和服务的认可程度。

华为对生存的关注，并不比其他企业更为突出，毕竟事关生死存亡，任何一家企业都不可能表现出超然的姿态。但华为对未来发展机会的执着、对企业遭遇困境和灭亡的危机意识、对投资未来的坚定、在技术和科研领域投入的规模和占比，在全球是领先的，在国内则是首屈一指的。

对客户的关注是不言而喻的，但是能够像华为一样，在战争爆发的环境中，继续为客户提供服务，无疑体现了非同寻常的决心和难以匹敌的敬业。

当利比亚战争发生时，我们没有撤退，当地员工自己分成了两派，一派支持政府，留在了的黎波里；一派反政府就去了班加西，各自维护各自地区的网络。中间交火的地区的网络，就由华为的员工维护。我们不怕牺牲，用实践说明了我们对客户的责任。维护网络的安全稳定，是我们最大的社会责任。

这种在行业内首屈一指的服务意识和敬业精神，不可能仅仅从商业运营和盈利的一般逻辑中去寻找答案，而需要从更深的层面来发现其动力。

生存是基础，不是选项；而发展对20世纪90年代中期之后的华为来说，是必选项。今天，发展是优选项。但无论是生存还是发展，都必须脚踏实地，拒绝空想。

2018年11月任正非与索尼CEO吉田宪一郎的会谈纪要中，吉田问："为了生存下来才创业，为什么会选择通信领域呢？"

任正非回答说："我们选择通信，完全是偶然，不是必然。我们当时认为，通信产业很大，只要小小做一点，就能活下来。我们却不知道通信产业这么规范，技术标准这么高，也许走向其他产业，我们的人生会轻松一些。但是，我们已经走上这条路，当时如果退回去，一分钱都没有了，还要面临着还债，所以只有硬着头皮走下来。正好碰上1990年代世界电子工业在转型，从模拟电路转到数字电路，数字电路比模拟电路简单很多，我们小公司也能做一点事情。"

为了生存而创设华为公司的时候，任正非并不知道电信行业在技术、规模、规范、准入等领域的高标准、严要求，属于误打误撞进了一个难以生存的环境。好在这个新环境给初来乍到的人保留了一点生存的空间，对华为的早期生存来说，命运的眷顾比创始人的努力更为关键。

那时，全世界整个通信包括电子工业，都处于落后状态，落后的产品还有一点市场。所以，在跟随世界发展的过程中，我们逐渐赚了一些钱，慢慢成长起来了。选择通信，不是因为我们高瞻远瞩，而是我们确实不知道这条路有多难。如果我们早知道通信如此之难，或许我们就不走这条路了。因为自从中国改革开放以来，各种机会很多，我们是可以选择走其他道路的。选择通信是偶然，走上这条路，就没有后退之路了。

对于企业经营来说，必须平衡今天的生存和明天的发展。今天需要胜利和收获，以结果导向为主，时不我待；明天需要投资和布局，以过程优先为主，需要战略耐心。我们来看看任正非如何在这两者之间取得平衡。

我们的标准是，在距离我们目标二十亿光年的地方，投一颗"芝麻"；距离目标两万公里的地方，投一个"苹果"；距离目标几千公里的地方，投一个"西瓜"；距离目标五公里的地方，我们投"范弗里特弹药量"，扑上去、撕开这个口子，纵向发展，横向扩张，产品就领先世界了。

近期的生存和远期的目标，共同组成了他的管理对象。

对于个人来讲，我没有远大的理想，我思考的是这两三年要干什么，如何干，才能活下去。我非常重视近期的管理进步，而不是远期的战略目标。活下去，永远是硬道理。近期的管理进步，必须有一个长远的目标方向，这就是核心竞争力的提升。公司长远的发展方向是网络设备供应商，这是公司核心竞争力的重要体现。有了这个导向，我们抓近期的管理就不会迷失方向。朝着这个方向发展，我们的近期发展和远期发展就不会发生矛盾，我们的核心竞争力就会得到升华，我们也就有生存的理由和价值。

关注远期和未来，为的也是生存。

我们无法准确预测未来，可仍要大胆拥抱未来……我们既要有信心，也不要盲目相信未来，历史的灾难，都是我们的前车之鉴。我们对未来的无知是无法解决的问题，但我们可以通过归纳找到方向，并使自己处在合理组织结构及优良的进取状态中。死亡是会到来的，这是历史规律，我们的责任是应不断延长我们的生命。

在如何看待明天的发展上，依然需要向优秀者学习，而优秀者之所以优秀，往往又是因为他们能在当下的压力下展望未来。

虽然未来难以预测，但聚焦技术领域，还是有规律可循的。任正非对下一场技术革命的看法是：未来二三十年，会爆发一场重大的技术革命。这场革命的特征有以下三点：第一，石墨烯等（黑磷/磷烯）的出现，将使电子技术发生改变。第二，人工智能的出现，造成社会巨大的分流，我们应改变教育结构，要让孩子们都有机会学习文化知识，懂专业、会操作。第三，生物技术的突破，将造成信息社会的巨大变革，且这一边界会变得越来越模糊。

将要到来的这场技术革命，会对ICT产生更多更大的需求，因此机会将会是巨大的。

我们认为，人类在未来二三十年内，一定会发生一场巨大革命，这场革命就是技术革命，技术革命就是信息社会智能化，因为人工智能会推动世界智能化。云化和智能化，信息会像海啸一样，这场革命需要最先进的连接设备和计算设备支撑。我并不认为5G技术会满足人类的终极目标，我认为人类还有更深刻的需求要解决。今天我们只是在变革的初期，我们也只是站在了这场变革的起点，后面的路还很长，我们要努力做到使人们得到更快、更及时、更准确、更便宜的信息服务。

对未来的预测，决定了战略方向。剩下的工作，就是沿着这个方向，一往无前。

战略方向及布局确定后，我们要坚定不移向前进，决不动摇，毫不犹豫。未来二三十年世界会爆发一场巨大的技术革命，这是人类社会五千年来不曾有过的，其深度和广度我们还想象不到，但是过去的20多年，我们十几万人一同努力划桨，已经把华为这艘"航母"划到起跑线上了。我们要利出一孔，密集炮火攻击前进，努力进入无人区。

在基础研究和理论创新领域，前进的速度可能是缓慢的，成果可能是不确定的，失败的概率远大于技术应用和产品研发，因此需要非同寻常的耐心。

高科技领域最大的问题，是大家要沉得下心，没有理论基础的创新是不可能做成大产业的。我们搞科研，人比设备重要。用简易的设备能做出复杂的科研成果，但如果人不对，即使用最先进的设备，也一样什么都做不出来，我们公司在世界资源聚集地建立了

20多个能力中心，没有在这些能力中心里工作的科学家的理论突破就没有我们的领先技术。中国必须构建理论突破，创新才有出路。

当然，在前进的道路上，在掌握自身命运的同时，必须坚持开放、合作、共赢精神，才不会迷失在企业自身在技术、销售、市场等领域的成就中，而丧失为全人类服务的初心。

当我们逐步走到领先位置上，承担起引领发展的责任，就不可以自己为中心，也不能以保护自己建立规则。我们要建立开放的架构，促使数万公司一同服务信息社会，以公正的秩序引领世界前进。没有开放合作，我们担负不起为人类信息社会服务的责任。

面向未来的基础研究，需要投入，而且难以在过程中衡量和判断其商业价值；面向当下的技术市场化应用和产品研发，容易判断其商业价值和市场潜力，但无法保证在技术迭代和替代的变化中，维持自身的长期生存。基于对技术趋势的判断、对客户需求的洞察，结合企业自身的既有优势、战略路径的选择、投资能力和意愿等因素，就会形成一家企业在当下生存和未来发展之间的平衡点。这个平衡点向未来的偏移程度，既反映了企业的认识水平和投资能力，也反映了其对待未来不确定性的认真程度，体现了其管理和应对这种不确定性的决心，也体现了其在不确定环境中赢取持续进步和成就的胸怀、格局及冒险精神。

我们除了在市场战线要获得成功，在技术战线也要有所作为。我们为什么要延伸到基础研究领域？因为这个时代发展太快了，网络的飞速发展，使我们不能按过去的步伐缓慢前进。我们现在就要选择在科学家探索研究的时候，思考如何工程化的问题。

华为的研发策略是：多路径，作战队列多梯次，根据不同客户需求多场景化。这种策略的实施要求理解客户需求，并通过持续创新来满足这些需求。

在产品和解决方案领域要围绕客户需求持续创新。任何先进的技术、产品和解决方案，只有转化为客户的商业成功才能产生价值。在产品投资决策上，我们坚持客户需求导向优先于技术导向。要在深刻理解客户需求的前提下，对产品和解决方案进行持续创新，我们的产品和解决方案才会有持续竞争力。

公司运转依靠两个轮子，一个轮子是商业模式，另一个轮子是技术创新。

基础研究和理论创新，在华为成为全球性市场的参与者后，具有了更重要的意义。它不仅关乎华为继续生存和发展的潜力，而且也关乎为全人类服务的能力和资格。

创新是要有理论基础的。如果没有理论的创新，就没有深度投资，很难成就大产业。

为了保证对创新持续投入的意愿，尤其是针对周期漫长、高不确定性的基础研究，如何在机制上促进其良性发展，任正非呼吁加强对知识产权的保护。

理论上要想有突破，首先一定要保护知识产权，才会有投资的积极性、创新的动力。只有保护知识产权，才会有原创发明的产生，才会有对创新的深度投资及对创新的动力与积极性。科技创新，要重视教育，重视知识产权保护。

在明天的发展和今天的生存之间，我们认为，任正非明确倾向于今天的生存，所以明天的发展和今天的生存之间的灰度平衡比分为2∶4。用图形来表示，则如图3-3所示：

| 2 | 明天的发展 vs 今天的生存 | 4 |

图 3-3　任正非的灰度管理平衡倾向（明天的发展 vs 今天的生存）

04 / 自主自强 vs 合作共赢

任正非对于向客户和供应商让利、合作共赢，有着几乎宗教般的信仰。他就像一个满腔热忱的传教士，不遗余力地宣讲这一信仰。华为在其成长为世界ICT首屈一指的设备供应商的过程中，虽有过不同的风格，但主流上，尤其是在其赢取了全球性声誉之后，在与客户、供应商、运营商、合作方、竞争对手打交道的过程中，确实在践行合作共赢的主张。

开放与合作，首先就要求自己从前人和他人的成果中，汲取营养和力量，充分利用前人和他人的经验和知识，提高自身的成长速度和成功概率。

前人已经走了那么多的弯路，总结出了真理，我们不直接拿来利用，却要重新实践，自然就浪费了我们宝贵的青春年华……我们提出了在新产品开发中，要尽量引用公司已拥有的成熟技术，以及可向社会采购的技术，利用率低于70%，新开发量高于30%，不仅不叫创新，而是浪费，它只会提高开发成本，增加产品的不稳定性。

开放与合作，也要求自己必须抵住利益最大化的诱惑，把产业链条上尽可能多的参与者，组织成一个共同努力、共同收获的利益共同体。

我们还要善于建立同盟军。在目前残酷的竞争环境下，宁亏自己，也不能亏同盟军，我们亏一点能亏得起，同盟军亏一点说不定就死掉了……适当展开和竞争对手的合作，降低研发成本……为什么不可以和竞争对手合作？如果我们和对手联合起来研发一个产品，研发成本降掉一半，我们的成本也就降了一半。竞争对手也要手拉手，走向合作共赢。

通过让利，实现可持续、可重复的良性循环，从而建设健康的行业生态。

控制自己的贪欲，给自己留存的利润低一些，给客户多让利一些，善待上游供应商。将来的竞争就是产业链与产业链间的竞争。从上游产业链到下游产业链的整体强健，才是华为的生存之本。

通过合作共赢，把敌人变成朋友，就是成功之道。

我们一定要寻找更好的合作模式，实现共赢。研发还是比较开放的，但要更加开放，对内、对外都要开放……对于国家拨给我们的研究经费，我们不能不拿，但我们拿了以后，是否可以分一部分给其他需要的公司。未来20年，我们要把敌人变成朋友。当我们在这个产业链上拉着一大群朋友时，我们就只有胜利一条路了。开放、合作、实现共赢，就是团结越来越多的人一起做事，实现共赢，而不是共输。

服务客户，对外让利，开放合作，这些手段最终都会让自身更好地生存，而且是在一个健康、可持续的行业生态中生存。

我们主观上是为了客户，一切出发点都是为了客户，其实最后获益的还是我们自己。有人说，我们对客户那么好，客户把属于我们的钱拿走了。我们一定要理解"深淘滩，低作堰"中还有个低作堰。我们不需要太多钱，只留着必要的利润，只要利润能保证我们生存下去。把多出来的钱让出去，让给客户，让给合作伙伴，让给竞争对手，这样我们才会越来越强大，这就是"深淘滩，低作堰"，大家一定要理解这句话。这样大家的生活才有保障。

华为在成为全球性的市场参与者后，从未寻求通过消灭竞争对手的方式重新分配既有利益，而是坚持合作与分享，甚至包括同竞争对手的合作与分享，通过为人类提供更好的产品和服务来创造增量利益，实现全产业链的共赢。

我们的分享制，从对资本与劳动的分享实践，逐步扩展到对客户、供应商分享成功。同时，与领导这个世界的先进公司合作，共同制定标准、路标，一起为社会作出更大贡献。我们不谋求市场垄断。我们并没有也不想蚕食其他公司，而是千方百计希望它们强大。

在科学知识和技术应用领域，任正非历来坚持开放、包容、国际分工、合作、拿来主义及分享精神。

开放、妥协、灰度是华为文化的精髓，也是一个领导者的风范。一个不开放的企业文化，逐渐就会走向边缘化，这样的组织是没有出路的。我们无论在产品开发，还是销售服务、供应管理、财务管理上，都不要故步自封，不要过多强调自我。创新也可以站在别人的肩膀上进行……向别人学习，应该是华为文化的一个特色，华为开放就能永存，不开放就只能是昙花一现。

在开放合作中，任正非甚至愿意单方面进行技术分享。

在镜头的研究上，我们有很多先进的技术，并且愿意将我们先进的技术告诉苹果（公司），让苹果（公司）使用，同时我们不反向要求苹果（公司）把他们的秘密告诉我们。在电源技术上，我们目前应该是领先苹果（公司）的，我们可以考虑给苹果（公司）供应电源模块，提高苹果手机的耐电强度，或者我们授权苹果（公司）生产，只收专利费用。

近年来，美国对华为展开了一系列超越商业范畴的全面围堵和打压，即便这样，至今为止，任正非在任何场合都没有动摇过自己对开放合作战略的信仰。他一直赞赏美国的科技实力、管理水平、创新机制等，哪怕华为在美国的业务权重可忽略不计，任正非对美国的重视态度和合作意愿也从未动摇。

感谢美国供应商这30多年来对我们的支持与帮助，没有他们的支持与帮助，我们也发展不到今天。我们永远都愿意与美国供应商一起走向新世界，共同为全人类服务。我们永远会拥抱全球化。

美国的制裁和围堵，不仅不会打垮华为，反而会成为华为进一步增强自身实力的契机。

哪怕美国的制裁和围堵是长期的，华为也不会认输，而且也做好了承受这种长期制裁的准备。华为把握自身命运的能力和决心，在这场还在进行的斗争中，体现得淋漓尽致。销售规模和市场份额或许会受到影响，部分业务可能会面临挫折，发展和成长的速度在减缓，但华为生存和前进的基础和要素没有改变，奋斗精神仍在。

刚才我所讲的是在美国实体清单制裁不撤销的背景下，而且我们已经做好了美国永远不撤销实体清单的心理准备，这样我们的增长是建立在坚实的基础上的。原本华为公司没有如此大的决心和计划，反而因美国制裁，逼我们要争口气。

华为对全球化的追求，以及在这个过程中对开放、合作、共赢的坚持，不会因为美国的行为而改变。

因为特朗普的打压，使我们在全世界名声大噪，全世界客户买我们产品的积极性大幅增加。我们永远都是全球化公司，有能力在全世界展开竞争，所以我们不会放弃全球化……而且在供应链方面，我们坚定不移拥抱全球化。如果美国公司愿意卖给我们零部件，我们会尽量想办法在系统中使用。人世间的一切都不是绝对不变的，世界一定要走向合作共赢的道路，否则就会逼着别人寻找替代品，最终对自己造成伤害。

不过，在事关自身存亡的关键技术和生存基础上，任正非从来都没有表现出幼稚主义和理想主义。以海思和鸿蒙为代表的战略性"备胎"计划及其执行，充分说明了任正非在这个问题上的底层逻辑，那就是生存不能靠别人的恩赐，必须通过技术实力的累积和"备胎"能力的战略储备，实现命运自主，并在此基础上，游刃有余地与他人展开合作，形成利益共同体。

我们现在就能够完全独立，不依赖美国而持续为客户提供服务。而且越先进的系统，我们越有能力进行独立生产。

任正非关于自主自强和合作共赢的真实主张，可归纳为：通过积累知识和技术实力，掌握自身命运；同时，充分利用全球资源，通过合作共赢来扩大和锁定自身服务客户的能力及市场领先地位。善待这个世界，但不以世界善待我作为前提，能而不为从而有所作为，操之在我从而合作共赢。

关于合作共赢和自主自强之间的选择和平衡，或许下面这句话，最能体现任正非的内心想法："与美国现在的这种状况，迫使我们第一要自强，第二要开放，自强了就敢开放了。"

在合作共赢和自主自强之间，我们认为任正非明确倾向于自主自强，所以合作共赢和自主自强之间的灰度平衡比分，就是 2 ：4。用图来表示的话，则如图 3-4 所示：

2　合作共赢 vs 自主自强　4

图 3-4　任正非的灰度管理平衡倾向（合作共赢 vs 自主自强）

05 专注主业 vs "备胎"计划

华为对主业的专注，是其生存的核心战略，本书已有多处论述。同时，为了能主动掌控自己的命运、在未来科技竞争中保住自己的地位，华为建设了B队和蓝军，执行了海思芯片和鸿蒙操作系统的战略性"备胎"计划。

对主业的专注，为华为带来了巨大的成功，奠定了其未来发展的坚实基础。然而，这种专注并没有干扰任正非对潜在风险的冷静判断，以及对掌握自身命运的坚定追求。专注于主业，让华为赢取了对战略"备胎"进行长期大量投资的资本；预防性的"备胎"建设，则保证了华为在极端环境中继续生存的能力。而继续生存，也是为了在自己选定的领域内，继续参与竞争并保持技术实力和市场地位的领先。

华为自创始之初，这种对主业的专注，在战略上、战术上、决策中、执行中，就没有改变过。

华为只有几十人的时候就对着一个城墙口进攻，几百人、几万人的时候，也是对着这个城墙口进攻，现在十几万人还是对着这个城墙口冲锋，密集炮火，饱和攻击。

聚焦主航道，非主航道业务首先要盈利，敢于放弃一些亏损项目，抢占战略机会点。曼斯坦因在《失去的胜利》中讲道"不要在非战略机会点上消耗了战略竞争力量"。我们公司一定要抢占战略目标的成功，把研发和区域切开，研发是一个独立的模块。研发若跟区域捆在一起，就是去满足低端客户需求，放弃了战略机会。优质资源向优质客户需求倾斜，要放弃一部分低端客户需求。将来我们不会在所有领域都做到世界领先，可能会收缩在一块领域，所以非主航道的领域，如果利润少，就要缩减。

对主业的专注，也是在筛选产品线时的重要依据。

我们有些产品虽然销售额不高，但对主航道有贡献，所以即便亏损也可以继续做；有的产品即使销售额高，但如果没战略意义，只是为公司赚点钱，那我们也要清理。28年来，十几万人瞄准的是同一个城墙口，持续冲锋。

在华为业务的主航道内，必须靠投资来覆盖所有可能的发展路线，为未来做好准备。选择多路径、多梯次的研发路线，保持技术能力的冗余储备，牺牲相应的中短期投资回报，这些都是华为在面对这道宏观的生死题目时，给出的新的答题逻辑。

要厚积才能薄发。我们是非上市公司，高层都是着眼未来五年至十年的战略构建，不会只考虑现阶段，所以我们就走得比别人快、比他们前瞻。突破是要有战略定力和耐心的。10年、20年没有突破，甚至一生也没有突破，一生都是世界"备胎"。我们现在不是靠赌哪一种技术、哪一种方向，赌一种路线是小公司才会干的，因为他们的投资不够。大公司有足够的资金，在主航道里用多路径、多梯次地前进，通过密集型投资缩短探索方向的时间。在多重机会的作战过程中，可能某种机会成为业界的主潮流，战线变粗，其他战线就慢慢变细了，但也不必关闭别的机会……未来物联网、智能制造、大数据等将对管道基础设施带来海量的需求。我们的责任就是提供连接的设备。

多梯次在研发中体现为四个梯队的配置，每个梯队的工作目标紧密配合又各不相同。

对未来的研究，我们要多路径、多梯次、多场景，构筑我们胜利的基础。什么是多梯次？我们研发从科学实验与验证，到科学样机、商业样机、多场景化样机、全简化样机，周而复始地优化。对科学实验，我们要大胆地失败，成功太快是保守。A梯队只搞科学样机，不管样机赚不赚钱，无论是用"钻石"还是"黄金"做支架都可以，它是论证理论的可行性，不可行也是成功的，不以成败论英雄，要大胆探索。B梯队负责在科学样机的基础上发展商业样机，要研究它的适用性、高质量、易生产、易交付、好维护。C梯队要面向多场景化，按客户需求多场景化的产品是合理适用节约的产品，有利于用户的建造成本、运维成本的降低。……D梯队研究用容差设计和普通的零部件，做出最好的产品来。最优质量，最易使用、安装生产和维护，最低的成本架构。挑战极大，我们的"刺刀"对准的是自己的胸口，大胆试验，勇于创新，革自己的命，就是革整个网络的命。

多路径策略既是对各种技术路线的订制化应对，也是对自身生存的主动保证。

多路径，就是技术上探讨多条可实现形式，不要轻言否决。当然，也可以研究全球化的路径、区域性的路径，我们都可能会走……世界在变化，我们有可能改变这个变化吗？改变不了，我们只能顺应，用多种路径应对。同时，自立的前提是要有实力，要有能力解决替代问题。我10年前讲，要按照极端情况进行备战，建立"备胎"，当时绝大部分人不相信我的话。我们要坚持使用双版本，80%的时间用主流版本，20%的时间使用替代版本，保持这种动态"备胎"状态。

在如何看待和应对颠覆性创新问题上，任正非的态度是积极做好准备。

华为作为一个商业团体，做好增量创新的同时，先要对网络产品做好延续性创新，保护客户投资。颠覆式创新的探索，我们更多地与高校紧密合作，多维度、多路径积极展开……现在新技术发展的速度、更替速度和应用速度也在加快，我们也要积极跟踪，随时拥抱颠覆。继承与发展是人类走过几千年的优良哲学，随着技术与社会进步的速度越来越快，变化时间短，就成了颠覆。我们大公司比较笨，也要淡定对待变化，出现新的颠覆，及时扑上去，追过它。

专注的结果之一，就是核心竞争力的提升。

技术的领先带来了机会窗利润，我们将积累的利润再投入到升级换代产品的研发项目中，如此周而复始，不断地改进和创新。今天尽管华为的实力大大增强了，但我们仍然坚持"压强原则"，集中力量只投入核心网络的研发，从而形成自己的核心技术，使华为一步一步前进，逐步积累到今天的世界先进水平……华为矢志不渝地追求企业核心竞争力的不断提升，从未把利润最大化作为目标。核心竞争力不断提升的必然结果就是生存、发展能力不断被提升。

基于对主业持之以恒的专注和投入，华为在ICT领域打造了强大的核心竞争力，该领域未来可能发生的颠覆性技术变革，都不大可能对华为造成致命威胁。

"备胎"计划的战略价值，在于其可以保证华为在遭受全面围堵的最坏情况下，让华为有能力继续生存下去。也正因为这种终极保证的存在，反而可以吓阻最坏设想的草率落实，减少商业暴力和市场勒索的发生频率，从而为华为的日常运营保驾护航。因此，不能以投入产出回报、有无应用机会等常规商业逻辑来看待。

我们在价值平衡上，即使做成功了暂时没有用，也要继续做下去……我们可能坚持做几十年都不用，但是还得做，一旦公司出现战略性的漏洞，我们不是几百亿美金的损失，而是几千亿美金的损失。我们公司今天积累了这么多的财富，这些财富可能就是因为那一个点，让别人卡住，最后死掉。所以，可能几十年还得在这个地方奋斗，这个岗位、这个项目是不能撤掉的，但是人员可以流动……再比如说你知不知道什么时候打核战争？现在没有，那就应该停下来核的研究吗？……所以海思一定要从战略上认识它的战略地位。

"备胎"计划一旦被迫投入使用，就反过来会威胁或替代现有的市场格局。制裁和围堵的发起者，可能最终会成为最大的受害者。

如果谷歌的安卓、微软的 Windows 不能给我们授权，可能会出现替代它们的第三种系统，没有人能肯定第三种系统一定不会胜利，这种情况的发生反而是对美国最有威胁的。

华为的多路径策略，实质上是对技术发展路线各种可能性的多方押注。当这种押注不再是基于概率和运气的赌博，而是落实到从理论研究到产品研发、从路径实践到"备胎"建设的实际工作中之后，它就构成了华为面对未来的全面布局。

未来面临的是超宽带后还有没有什么带，竞争到底是从室内走向室外，还是从室外走向室内，这条技术路线没有人知道。但可以肯定的是美国不会甘于输掉，美国执意 Wi-Fi 全频率开放的目的还是为了从内往外攻。漫游问题一旦解决，华为的优势就不一定存在了，这是我对未来的看法。爱立信是一面旗帜，它要维护旗帜的威望只能从外往内攻。华为不是旗帜，不管是左手举旗（从内往外攻），还是右手举旗（从外往内攻），都是很灵活的，最后不管哪一头胜利，总会有华为的位置。也许将来是内、外方式融合。

多路径的尝试，就是华为蓝军的任务。这支蓝军和军事演练中的蓝军的区别在于：它不会被设计成败军；相反，它被寄予厚望。华为不仅希望通过它对红军的打击来改进红军，而且希望它自己变成战场的开辟者和战争方式的创造者，并有机会取代红军，成为新的主力部队。

我特别支持无线产品线成立蓝军组织。要想升官，先到蓝军去，不把红军打败就不要升司令。红军的司令如果没有蓝军经历，也不要再提拔了。你都不知道如何打败华为，说明你已到天花板了。两军互攻最终会有一个井喷，井喷出来的东西可能就是一个机会点……一定要把华为公司的优势去掉，去掉优势就是更优势……我们在华为内部要创造一种保护机制，一定要让蓝军有地位。蓝军可能胡说八道，有一些疯子，敢想敢说敢干，博弈之后要给他们一些宽容，你怎么知道他们不能走出一条路来呢？

正是基于针对极端情况的心理和能力准备，华为才能从容应对极端情况的发生。

我们预测"迟早要和美国交锋"是正确的，现在交锋了，实体清单禁止我们，什么东西都不卖给我们，甚至墨西哥的麦当劳都不卖给我们，很极端。我们自己美国公司的东西也不能用，我们员工也不能与我们美国公司的员工讲话，否则就是违反美国实体清单。

这种极端情况，我们当年判断会出现，现在真出现了，我们有预防，所以没有什么恐慌感，能应对过去。

在"备胎"计划和专注主业之间，我们认为任正非强烈倾向于专注主业，因为无论"备胎"多么必要和重要，无论在"备胎"方案中的资源投入多么巨大，它的出发点和落脚点，仍是以信息管道和接入端口设备为主航道的 ICT 领域，其必要性本身不构成其在华为业务中的重要性。所以"备胎"计划和专注主业之间的灰度平衡比分，就是 1∶5。用图来表示，则如图 3-5 所示：

| 1 | "备胎"计划 vs 专注主业 | 5 |

图 3-5　任正非的灰度管理平衡倾向（"备胎"计划 vs 专注主业）

06
创新变革 vs 稳定改良

企业管理中，存在两种风险，一种是过度管理，一种是管理不足。两种问题的根源在于，企业在面对经营问题时，常常混淆了问题的一般原因和特殊原因。

所谓一般原因，又称非偶然因素，是指正常运营过程中产生的随机波动，反映的是现实生活和管理中无处不在的系统噪声。我们可以通过提高系统的能力来减小这个噪声，但却无法将它完全消除。确认一般原因并据以提出提高系统能力的路径，是持续改善理论的基础和出发点。

所谓特殊原因，又称偶然因素，是指在外力干涉下引起的偏离正常范围的异常波动。特殊原因可以通过一次性努力（往往涉及流程再造、系统重建等较为剧烈的变革）来彻底消除，并在新的基础上，对新的一般原因进行认定，并持续改良。

错把一般原因当成特殊原因，会导致过度干涉和过度管理；错把特殊原因当成一般原因，则会导致控制不力和管理不足。

把这个基于统计学的管理原则类比到华为身上，就是创新变革和稳定改良之间的平衡点选择问题。在需要创新和变革的时候，如果认识不到其必要性和紧迫性，就有可能错失良机甚至难以翻盘；在需要稳定改良，充分挖掘当前系统、技术、产品等的市场潜力时，如果错误地展开创新和变革，推倒重来，就有可能导致资源浪费和成本上升，并导致企业阶段性目标的错乱，从而打乱发展步伐。

作为一家在ICT领域拥有巨大技术实力和基础研究能力的公司，作为一家在人才招揽中凶悍而坚决的公司，华为处处都充满了对创新和变革的明示与暗示——从公司愿景到团队氛围，从人才特点到科研本身的特点，从行业格局的迅猛发展所带来的现实压力，到创新和变革有可能给公司和个人带来的巨大成功和荣誉的诱惑，从人类对创新和突破的原始渴望，到公司内部创新变革成功者的示范效应。同时，公司分级授权力度之大，以及团队和个人奋斗空间之广，都让员工更倾向于创新变革，总体上公司较为忽略通过现有技术、产品及管理系统的稳定运营来挖掘潜力。

因此，在持之以恒地呼吁和激励创新变革的同时，华为在发展的不同时期，在不同的领域，针对不同的职能和群体，也坚决反对并制约盲目的、过度的、没有成效的、非结果导向的创新和变革，倡导要充分借用人类现有的技术，充分挖掘现有系统能力，合理规划投入产出。简言之，在防止管理不足和创新不足的基础上，要特别防止过度管理和盲目创新。正因为有了持续而巨大的投入，华为在创新领域不仅有了一定的基础保证，而且其持续创新机制已经形成了良性循环，其动能和惯性已经足够强大，而稳定改良则往往需要更细致的精神、更低调的坚守、更加难以形成管理和执行中的惯性。所以，任正非在这种力量的平衡中，更加倾向于强调稳定改良。

创新，对于华为来说，是不言而喻的生存策略。

没有创新，要在高科技行业中生存下去几乎是不可能的。有创新就有风险，但决不能因为有风险，就不敢创新。回想起来，若不冒险，跟在别人后面，长期处于二三流状态，我们将无法与跨国公司竞争，也无法获得活下去的权利。若因循守旧，我们也不会取得这么快的发展速度。

除技术创新外，管理本身也要实现创新和稳定的平衡。

管理既要走向规范化，又要创新，还要对创新进行管理，形成相互推动和制约机制。

创新，必须建立在对相关领域和对象充分理解的基础之上。唯有如此，才能保证创新的目标是明确的，而非天马行空。

如何定义创新和稳定之间的关系，任正非的观点，鲜明而坚定。

我们不要把创新炒得太热。我们要处理好管理创新与稳定流程的关系。尽管我们需要管理创新、制度创新，但对一个正常的公司来说，频繁地变革，内外秩序就会变得混乱。可不变革又不能提升我们的整体核心竞争力与岗位工作效率。变革究竟变什么？这是严肃的问题，各级部门切忌草率。一个有效的流程应长期稳定运行，不因出现一点问题就对其进行改动，改动的成本会抵消改进的效益……在管理和流程上，我们要坚决反对盲目创新，要在原有的基础上不断改良和优化。

盲目创新，本质上是无能，是通过回避微小而有效的改善，来掩盖业务能力的不足，体现出来的往往是不成熟的心理素质。

我们要坚持"小改进，大奖励"，这是我们长期坚持不懈的改良方针。应在小改进的基础上，不断归纳，综合分析。研究其与公司总体目标流程是否相符，与周边流程是否和谐，要简化、优化、再固化。这个流程是否先进，要以贡献率的提高进行评价……既要实现高速增长，同时又要展开各项管理变革，错综复杂，步履艰难，任重而道远……我们要坚决反对形而上学、幼稚浮躁、机械教条和唯心主义。在管理进步中一定要实事求是，特别要反对形左实右。

当然，所有的小改进，所有具体而零碎的改良和改善，不能迷失在自身的旋涡中，而必须用更宏观的目标来加以引导和修正。对于任正非来说，这个更宏观的目标，就是华为的核心竞争力。

在坚持小改进的同时，如果我们不提出以核心竞争力的提升为总目标，那么我们的小改进就会误入歧途。改了半天，公司的整个核心竞争力并没有提升。也就是说，我们的小改进实际上是陷入了一场无明确大目标的游戏，而不是一个真正增创客户价值的活动。因此，在小改进过程中要不断瞄准提高企业核心竞争力这个大方向。

日常管理，尤其是可以通过制度和流程进行的常态管理，以简单实用为目的，不能追求完美，要避免复杂而高频的改变。

公司最大的浪费是工作的无效性……不允许随意更改制度流程，我们的管理改进要实用主义，要尽可能简单；不允许仅仅为了追求管理的完美，而做太复杂的系统改进；不是所有的东西都要IT化，要简单实用……一年改进10%就很不错了，改进5%我也接受，3%我也接受你，不改进我就要撤掉你，而且工资要降下来……改革都是无为而治，通过一点点的制度规定，传达降低成本、提高绩效等信息，从中慢慢获得收益。希望通过3~5年的努力，公司能走向正确的管理。

管理的终极目标，是提高内部运营效率。以美国为代表的西方经济体，基于政治正确的考量，倡导管理多元化，其中既包括对管理人员构成、管理风格的多元化包容，也包括对管理系统、执行手段的多元化提倡。其本质是把创新精神引入管理系统，通过多元化来牺牲掉一致性的部分稳定效率，并期待多元化管理制度下的点状突破，能弥补甚至超越这部分效率的下降。任正非显然不愿意接受管理上这种收益不确定的冒险。

提倡渐进式改良，慎重对待创新和变革，并不意味着拒绝创新和变革。随着公司规模的成长、市场格局的演变、客户需求的进化以及内部能力的提高等，变革要么以外部压力的方式，要么以内部需求的方式，变成必要的选项。保持开放的心态，遵从客观冷静的判断，当变则变，坚决彻底，也是任正非一贯提倡的态度。

20年来公司实行高度的中央集权，防止了权力分散而造成失控，形成灾难，避免了因发展初期产生的问题而拖垮公司。但世界上没有一成不变的真理，今天我们有条件来讨论分权制衡、协调发展，通过全球流程集成，把后方变成系统的支持力量。沿着流程授权、行权、监管，来实现权力的下放，以摆脱中央集权的效率低下、机构臃肿，实现客户需求驱动的流程化组织建设目标。我相信成功过的华为人，完全有可能实现这一次变革。

任正非对创新变革和稳定改良之间如何平衡的观点，用他自己的一句话，或许是最为妥帖的总结："在管理上，我不是一个激进主义者，而是一个改良主义者，主张不断地管理进步。"

在创新变革和稳定改良之间，我们认为任正非强烈倾向于稳定改良，所以创新变革和稳定改良之间的灰度平衡比分，就是1：5。用图形来表示，则如图3-6所示：

| 1 | 创新变革 vs 稳定改良 | 5 |

图3-6　任正非的灰度管理平衡倾向（创新变革 vs 稳定改良）

07 专业性 vs 主人翁精神

在用人原则上，有很多种选择，对应的是不同的理论和价值观倾向。在现代企业管理中，尤其是广被认可的企业管理理论和实践中，关于人的管理，不可避免地涉及两种倾向，那就是强调专业性和提倡主人翁精神。

所谓专业性，是指基于岗位权责的清晰界定，在工作流程的系统建立基础之上，每个成员在胜任力和工作执行中体现出的一致性和可预测性。他们以完成被授予的工作为目标，属于目标导向。对专业性的要求，是每一个现代企业或组织不可或缺的基础。专业性的高低，决定了一个企业或者组织的管理效率，并由此决定了企业在竞争中胜出的潜力。

所谓主人翁精神，是指成员基于对组织及其当前任务的责任感，以主人或负责人的态度，以完成任务或实现组织利益最大化为目标，属于结果导向。这种导向要求成员在必要时，甚至在日常工作中，不把岗位的职责当成明确的界限，而鼓励跨界操心、越权行事。高度主人翁精神的例子，包括传统中国家庭中长辈对孩子的照顾和管理，初创企业合伙人对个人权责的自由行使，白刃战中战友之间的协作和互助，等等。高度的主人翁精神，在保证每个成员主动发挥最大潜力的同时，不可避免地会滋生出权责不清、流程混乱、难以复制等问题。

虽然现代企业管理普遍强调专业性，并且以此作为日常管理的基础。对于工作内容简单重复、工作目标易于量化的岗位，或者不需要员工动用创造力、不存在工作质量差异的岗位来说，尤为如此。但对于达到一定规模，需要充分发掘成员创造力，或者难以量化工作质量的企业来说，通过某种方式（如配股或文化建设），催生并提倡员工的主人翁精神，就特别重要。

因此，对多数有规模的企业来说，专业性和主人翁精神，缺一不可，无非是处于不同发展阶段、参与不同竞争领域的企业，在两者的平衡点上有所偏向罢了。

如果我们把两种对人的管理倾向及其在不同领域的特点做个对比，如表 3-1 所示：

表 3-1　员工管理倾向（专业性 VS 主人翁精神）对比

专业性	主人翁精神
专业精神（个人）	责任感（社会/团体）
个人/职能主义	团队/集体意识
分工/知识/能力隔离	跨界/跨科/能力综合
SOP、GMP、章程	总体管控和规划

续表

专业性	主人翁精神
成文法	习惯法
标准化	订制化
运营优势	营销优势
机械主义	人文主义
管控导向	引导为主
保守主义	自由主义
求稳心理	冒险精神
易于复制	难以复制
继承/传递/坚守	改变/创新/发展
可预测性	不确定性
难以启动	难以掌控
高效+无效风险	低效+有效结果
沟通优势	示范优势

坚持追求专业化，是华为的主旋律，也是企业运营和发展的基础。华为对外界的学习，尤其是通过引进以IBM和HAY为代表的现代管理体系，无一不体现了这种追求的坚定决心。

推行业务流程重整的目的是，更敏捷地响应顾客需求，扩大例行管理，减少例外管理，提高效率，堵塞漏洞。业务流程重整的基本思路是，将推行ISO9001标准与业务流程重整和管理信息系统建设相结合，为公司所有经营领域的关键业务确立有效且简捷的程序和作业标准；围绕基本业务流程，理顺各种辅助业务流程的关系；在此基础上，对公司各部门和各种职位的职责准确定位，不断缩小审批数量，不断优化和缩短流程，系统地改进公司的各项管理，并使管理体系具有可移植性。

在日常管理中，专业化主要表现为流程化和模板化。

我们认为规范化管理的要领是工作模板化，什么叫规范化？就是我们把所有的标准工作做成标准的模板，就按模板来做。一个新员工，看懂模板，会按模板来做，就已经国际化、职业化，以现在新员工的文化程度，3个月就能掌握。而这个模板是前人摸索几十年才摸索出来的，你不必再去摸索。各流程管理部门、合理化管理部门，要善于引导各类已经优化的、已经证实行之有效的工作模板化。清晰流程，重复运行的流程，工作一定要模板化。一项工作达到同样绩效，少用工，又少用时间，这才说明管理进步了。

华为的核心价值观是"以客户为中心，以奋斗者为本，长期坚持艰苦奋斗"。从这个价值观的陈述可见，华为显然是倡导员工具有"主人翁精神"。"以客户为中心"，要求在面对客户时，需要有高度的自主权，必须有足够的决策授权和资源调配权，才能高效地为客户提供服务。"以奋斗者为本"，显然是在员工的法律地位和雇员身份外，增加的一个新维度——"奋斗者"。而所谓的"奋斗"，本质上就是在岗位职责之上的额外付出，它或许是可以量化的工作时间和工作量，也可以是难以量化的工作态度和奉献意愿。总之，之所以"以奋斗者为本"，无非就是因为期待他们成为自己工作的"主人翁"，而不仅仅是个打工者。"长期坚持艰苦奋斗"更是精神和文化层面的要求，不仅无法量化，而且从某种意义上，是对专业性精神的替代和削弱。

另外，华为在雇佣政策和人事政策中，也有意识地强调公司和员工之间的界限，并不提倡员工"以公司为家"的意识。这种态度的出发点是要倡导员工的危机意识，破除大家的太平意识，但在其效果和落脚点上，却是鼓励员工现代雇佣体制下的专业性精神。

我们不搞终身雇佣制，但这不等于不能终身在华为工作。我们主张自由雇佣制，但不脱离实际。公司与员工在选择的权利上是对等的，员工对公司的贡献是自愿的。自由雇佣制促使每个员工都成为自强、自立、自尊的强者，从而保证公司具有持久的竞争力。由于双方的选择是对等的，领导要尊重员工，员工要珍惜机会。对双方都起到了威慑作用，更有利于矛盾的协调。公司的制度也以适应自由雇佣制来制定。

华为不仅没有终身雇佣，而且还有自动降薪。

企业和员工的交换是对等的，企业做不到的地方员工要理解，否则你可以不选择企业，若选择了企业就要好好干。自由雇佣制是企业稳定的因素……公司在经济不景气时期，以及事业成长暂时受挫阶段，或根据事业发展需要，启用自动降薪制度，避免过度裁员与人才流失，确保公司渡过难关。其真实目的在于，不断地向员工太平意识宣战。

提倡来去自由，反对对公司制度的牢骚和怨气。

公司已经建立了良好的薪酬奖励制度，建立了完善优厚的社保、医保、意外伤害保险，以及各种有益于员工的文体活动，各级干部要不断宣传这些好的机制，并落实它。员工在不断优化的制度环境中，应该有一种满足感。员工在网上发牢骚，要自我适度控制。就业是双方自由选择的，员工如果不喜欢华为，外面还有很多好的公司，可以另寻机会。

任正非甚至还正面打击过员工的主人翁意识。

我建议从现在开始，员工们都少一些主人翁意识，多一些打工心态，我到这个公司是打工来的，我要好好干，不好好干就会被裁掉。我说的是少一点，而不是没有，这也是针对一部分员工说的，他们的主人翁精神太强，进入公司后事事关心，但连自己的本职工作都做不好，聘用他又有什么意义呢。

员工应按照市场化水平应聘上岗，而且不应该奢望由公司来支付自己的学习成本。

员工如果有远大理想与抱负，我想这种问题也不要提。因为你们还不到时候，希望你们踏踏实实做好本职工作，加强自身建设……员工到国外学习就是辞职，学好再回来，再次考核上岗。这是个相互选择的结果。而且我们劳动力是市场化的，你到公司应聘，水平高我们就讨论给你多一点钱，劳动的准备成本应由你自己支付。

任正非也认识到，针对高级人才，针对华为大量的外籍员工，必须更加强调专业性精神。

我们现在有4万名外籍员工，但是适应较好的大多数是科学家。最难的是管理者，一进来就被架空了，因为他遇到的都是来自上甘岭的兄弟连，你再厉害，手下人不听你的，怎么办？这个就很难……所以我们要改变，如果世界最优秀的人才都进不来，我们如何能成为世界最优秀的公司呢？我们的商业系统、市场系统要有战略预备队，让外来管理者参加循环流动起来，形成新的兄弟连。

好的策略和方案只有在执行后，才能产生预期效果。如果主人翁精神只存在于决策者层面，则这种执行必然会打折扣，而且折扣的幅度难以预估，并有很大的可能导致执行折扣的累积和放大，并在某一时间点上，陷入停顿，从而导致策略无法落地，方案无法实施。因此，一个优秀的企业必须保证执行层面有足够的主人翁精神，而要想保证这一点，必须通过两个角度来实现：一是赋予执行层面足够的资源调配权，二是赋予执行层面足够的现场决策权。

我们已明确变革要以作战需求为中心，后方平台（包括设在前线的非直接作战部队）要及时、准确满足前线的需求。我们机构设置的目的就是为作战，作战的目的，是为了取得利润……后方平台是以支持前方为中心，而且要提高后方业务的综合度，减少平台部门设置，减少内部协调，及时准确地服务前方……前方的需求变化了，要及时准确提供给后方……各级干部要敢于承担自己岗位责任，履行授权，这样就会使我们的管理摆脱僵化的中央集权……我们要积极地先从改革前方作战部队开始，加强他们的作战能力，要综合后方平台的服务与管理。

向一线倾斜，是华为的基本策略。这种策略带来的精神和文化层面的效果，强化了员工的主人翁精神。毕竟，前线的将士唯有被充分授权，唯有具备高度的责任心和自觉性，才能在瞬息万变的战场，当机立断，伺机而动，穷尽一切可能取得胜利。对自身权责一丝一毫的怀疑，对损益成败一分一秒的犹豫，都会导致胜负天平的逆转。

主人翁精神，绝不应该仅仅限于主人，也不应当限于高层管理者。只要授权充分，在每个工作岗位上，都可以体现出主人翁精神。

我们不要把精英理解为金字塔塔尖的一部分人，精英应该存在于每个阶层。有工作的地方，就应该有精英。我们的政策要覆盖激励所有精英，形成组织合力，千军万马搞好质量，提高效率，增加效益。

现代企业管理中的专业性，或许在二战时期，诞生于美国空军的"蓝血十杰"身上，体现得最为典型。"蓝血十杰"代表了现代企业管理中，对数字管理、理性精神和唯效率论的极度推崇和应用。任正非对待"蓝血十杰"的态度，反映了他对于专业性和主人翁精神之间如何拿捏平衡的观点。

"蓝血十杰"对现代企业管理的主要贡献，可以概括为：基于数据和事实的理性分析和科学管理，建立在计划和流程基础上的规范的管理控制系统，以及客户导向和力求简单的产品开发策略……今天的主题是要创新，但创新的基础，是科学合理的管理。创新的目的是为客户创造价值……我们要学习"蓝血十杰"对数据和事实的科学精神，学习他们从点滴做起建立现代企业管理体系大厦的职业精神，学习他们敬重市场法则在缜密的调查研究基础上进行决策的理性主义。

学习并建设这种专业型基础，是华为矢志不渝的努力方向。

西方公司自科学管理运动以来，历经百年锤炼出的现代企业管理体系，凝聚了无数企业盛衰的经验教训，是人类智慧的结晶，是人类的宝贵财富。我们应当用谦虚的态度，花大力气把它系统地学过来。只有建立起现代企业管理体系，我们的一切努力才能导向结果，我们的大规模产品创新才能导向商业成功，我们的经验和知识才得以积累和传承，我们才能真正实现站在巨人肩膀上的进步。

然而，也要认识并避免管理中的专业性和理性主义精神的极端化及其缺陷。

我们也要清醒地认识到，虽然"蓝血十杰"以其强大的理性主义精神奠定了战后美国企业和国家的强大，但任何事情都不可走极端，在20世纪70年代，由"蓝血十杰"所倡导的现代企业管理也开始暴露出弊端。对数字的过度崇拜，对成本的过度控制，对企业集团规模的过度追求，对创造力的遏制，事实上的管理过度，使福特等一批美国大企业遭遇困境。

管理的终极目的，是通过满足客户需求以求得自身的生存和发展。因此公司不能把管理中的专业性当作神圣而不可挑战的信条，因为管理是内部的管理，是组织机构的效率，未必总能转化为对客户需求的满足。必须从管理向前迈一步，走向经营；而经营，则是把管理的终极目的带入管理过程的行为，它必然要求在流程、操作手册、权责界定、报批审核、决策等过程中，结合专业性规则和基于主人翁精神的灵活变通，实现满足客户需求的终极目的。

在主人翁精神和专业性之间，我们认为任正非明确倾向于专业性；他所提倡的"奋斗精神"，必须建立在足够的"专业精神"基础之上。只有当华为的员工总体上体现出足够的专业性之后，才有可能提倡主人翁精神，并通过这种精神，来对冲或遏阻大型企业难以避免的官僚主义、怠惰态度、责任心的削弱、主动精神的衰败、进取心的丧失，以及整个团队战斗力的下降。任正非众多谈话中看似自相矛盾的表达，并没有改变这种基本逻辑。因此，主人翁精神和专业性之间的灰度平衡比分为 2 ∶ 4。用图来表示，则如图 3-7 所示：

| 2 | 主人翁精神 vs 专业性 | 4 |

图 3-7　任正非的灰度管理平衡倾向（主人翁精神 vs 专业性）

08 利益 vs 情怀

如何对待员工，如何让他们平衡工作与生活，平衡自己的物质期待与价值观？归根到底，最大化挖掘人的潜能，是对人的尊重还是忽视？个人对一个组织的认可，不可能是无限的，所谓价值观的相同或类似，需要有一个公认的界限，否则有可能构成组织机构和个体之间表面上双向选择、实际上单向碾压的不平等。

华为依托自己的产品和服务提供的较高的利润率，通过国内领先、全球靠前的丰厚薪酬，对目标人才形成了较强的吸引力。在高收入的基础之上，华为还为大量员工提供了某种特殊设计的持股计划。

从法律上说，华为公司的股东有两个：一个是华为控股公司工会，近10万名员工代表持股98%以上；另一个是任正非个人，持股不到2%。这些持股员工不同于公司法上的股东，他们持有的股份叫虚拟受限股，他们享有分红权和股份对应的公司净资产增值权，但他们不是公司直接股东，也没有表决权，股份不能出售、转让或继承，在离开公司时由华为控股公司工会回购。自 2001 年底起，华为每年根据员工表现，评定其股份数，员工按公司当年净资产价格购买股份。在管理上，华为的员工持股方案，是一种改进版的绩效奖励模式，它通过和员工分享利润及净资产增值，呈现出一些所有权分享的色彩；在本质上，它是一种集体合伙人制。

单靠财务回报，不足以打造一个拥有强大战斗力的团队，否则职业雇佣军就会是战斗力最强的军队。因此，确立某种超越个人的伟大目标，就成为一家志存高远的企业的必选。

建立共同愿景是团队建设的核心要素……要通过确立公司愿景，明确目标和追求，用共同愿景来凝聚员工并激发员工持续艰苦奋斗的原动力。各级组织与团队要基于自身的使命和责任，承接公司愿景和目标。各级主管要善于与员工就公司、部门的发展前景展开沟通，积极营造责任结果导向、开放进取、富有活力的氛围，给他们提供更多的成长机会，以事业发展来牵引员工长期共同奋斗……金钱固然重要，但也要相信人内心深处有比金钱更高的目标与追求，尤其在人们并非一贫如洗的时候，愿景、使命感、成就感，才能更好地激发人们。如果我们相信员工有精神追求，员工也会被我们的信念鼓舞。

为人类社会服务，就要求企业不能把经济利益当成最高标准。

华为的精神和清教徒精神没有什么区别，我们这种精神也是为了一种理想，为了人类社会。以理想驱动文化建设的公司，公司里的每一名员工都不会斤斤计较，不会在个人收入上和公司讨价还价，但是公司不能因此不去重视、提升员工的待遇和利益。

在利益预期之外，需要某种超越自身的目标，即超越个体自身利益的理想，才会赋予个体更为持久、更为深层的动力，而且个体在这种情怀的驱动下，其追求的目标及对利益和损失的计算，或者说他们为自身设定的 KPI 和自我评价的 KPA，都会截然不同。

古往今来，理想和情怀对人类形成的巨大影响和对人类潜力的巨大释放，在无数案例中被应用和证明，也被众多心理学实验验证。无论是政治的还是军事的，宗教的还是世俗的，公益的还是商业的，都是如此。包括华为在内的众多企业，尤其是成功企业，创造并宣导某种理想和情怀，几乎是不二之选。

华为以产业报国和科教兴国为己任，凭借公司的发展为所在社区作出贡献，为伟大祖国的繁荣昌盛，为中华民族的振兴，为自己和家人的幸福而不懈努力。

华为的宣导还是比较成功的。其成功主要体现在以下三个方面：

其一，华为为全人类服务的姿态广为人知，不单是其内部员工，也包括众多的消费者，尤其是中国消费者。外部的共识反过来又会确认和强化内部的认知。

其二，华为从某种意义上，代表了中国高科技企业在科研和技术上的领先，是最广为人知的中国科技实力的一面旗帜。这种认识在美国制裁和围堵的背景下，几乎已经变成了全体国人的共识。这种共识，同样会确认和强化华为员工的理想和情怀。

其三，华为在美国制裁和围堵之下所体现出的生存能力，尤其是其芯片和操作系统"备胎"战略，以及以任正非谈话为代表的不屈不挠、从容不迫的精神面貌，在世界范围内令人印象深刻，在国内更有令人热血沸腾之感。虽然任正非历来反对用民族主义和悲情意识看待华为取得的成就及其面临的困境，但舆论和民情不是按照任正非的脚本上演的。历来自称为志在全球的国际化企业的华为，不仅树起了中国国家实力在全球范围内上升的鲜明旗帜，也成了中华民族伟大复兴一个无法忽略的脚注。任正非或许不喜欢世人加给华为的这种符号，但他左右不了舆论和朴素自发的民情。中国人民目前所体验到的自豪和斗志，所感受到的国际环境的压力，对国家的信心，以及在加速崛起道路上的兴奋和悲情，都可以用来描述华为员工，尤其是作为其主体的中国员工目前的心态。

然而，这种局面是一把双刃剑。其潜在的负面影响主要有两点：一是它难以掌控和预测；二是它可能以出人意料的方式剧烈地爆发，虽然这种概率极低。简言之，这增加了整个系统的波动范围，降低了系统的可预测性。在被动收获国人情怀认可的同时，华为努力打造的国际化形象也大打折扣。这种局面看似偶然，但放在情怀宣导的背景中，又几乎是一种必然。诉诸情怀的，难免被情怀干扰。超越个人情怀的，会赋予由这些人构成的组织机构足以碾压其潜在负面影响的优势。

| 1 | 利益 vs 情怀 | 5 |

图 3-8　任正非的灰度管理平衡倾向（利益 vs 情怀）

09 管理哲学总结

本章对任正非的管理哲学进行了总结和解读。我们同样试图搭建起某种大致结构，以求帮助读者更直观地观察任正非的方法论。

任正非本人喜欢用"灰度"来统称他自己的管理哲学。所谓的灰度，就是在纯黑和纯白之间的某个状态，其度数是无限多的。换言之，所谓灰度，就是在两种看上去对立或不同的选项之中的一个平衡点。

本质上，没有任何人可以脱离"灰度"，因为没有任何人有能力做单向极端的选择。因此，任正非和其他人的区别，只是在于他公然提倡这种妥协和平衡罢了。在实践中，除非为了宣传的需要，没有任何人、组织、政党可以在种种双向的选择中，执行单向极端政策。即使是二战中的纳粹德国和侵华日军，也不会认为自己是残暴的；即使是宗教激进主义者，也会坚持认为自己的选择充满理性的妥协；即使是我们认定的极端人士，他们也会认为自己是不偏不倚的。简言之，在理论上和逻辑上，任何组织和个体，无论其承认与否，都必然处于某种灰度之中。

那么，任正非的灰度管理哲学，除了他的公开提倡外，在其内容上有无其独到之处呢？正如本书所总结和分析的那样，我们认为，在概念上，任正非的灰度哲学并无理论上的突破或独特性，他的灰度管理哲学的价值，在于他在每一个具体领域中，也就是在每一把双向的尺子上，通过自己对行业、对人性、对华为市场位置和发展方向的洞察和判断，画下了自己的平衡点。这些平衡点在不同时期，面对不同群体、课题、机会、挑战、危机时，一直处于动态的变化和调整中，但总体来说，也存在一种明确的趋中性。本书对于每一对概念和倾向，都给出了我们理解的任正非的平衡点。

图 3-9 是我们对这些平衡点的判断汇总：

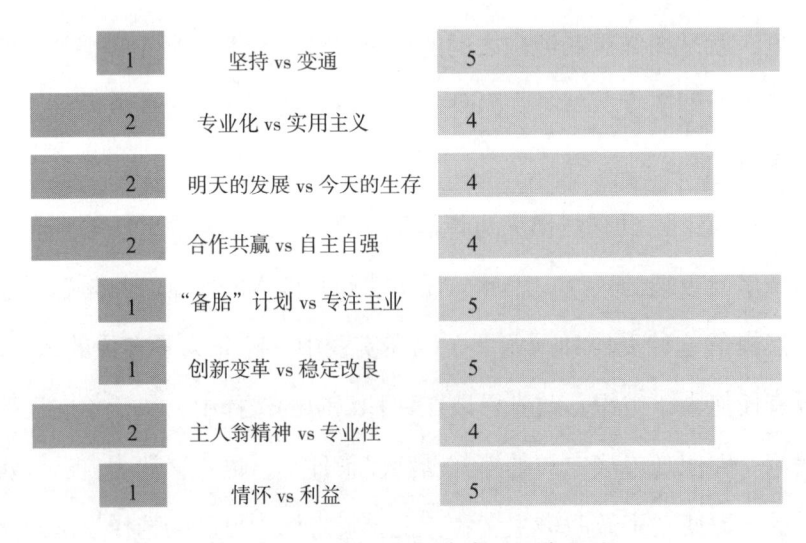

1	坚持 vs 变通	5
2	专业化 vs 实用主义	4
2	明天的发展 vs 今天的生存	4
2	合作共赢 vs 自主自强	4
1	"备胎"计划 vs 专注主业	5
1	创新变革 vs 稳定改良	5
2	主人翁精神 vs 专业性	4
1	情怀 vs 利益	5

图 3-9　任正非的灰度管理平衡倾向

第四章

任正非哲学重构

HUAWEI

01 要素重构

本书在前面各章节，对任正非的世界观、方法论、管理哲学进行了汇总、分析、解构，并对每一部分进行了重构。本节，我们尝试将这些重构的模块，用直观、易理解的方式呈现出来。

在解构和重构任正非哲学要素之外，我们没有对任正非和华为在众多管理实践中的其他要素进行分析。其他要素并不构成新的基本要素，但是如果我们想了解其完整的结构，把它们纳入进来，会有利于对这个总体结构的理解。

像其他现代企业一样，华为在内部管理中有三个相互交叉的管理领域，分别是人、流程、文化。这三者的共同目标是提升管理效率。如果用图来表示，则如图 4-1 所示：

人
· 专业性/主人翁精神
· 潜力最大化

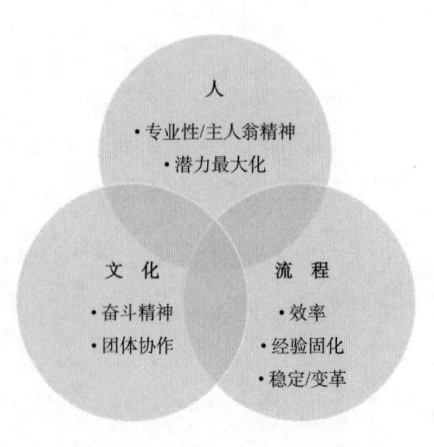

文 化
· 奋斗精神
· 团体协作

流 程
· 效率
· 经验固化
· 稳定/变革

图 4-1　华为对内管理领域

在对外管理领域，华为同样有三个相互交叉的管理领域，分别是客户、行业生态、社会。这三者的共同目标是开放共赢、服务客户。如果用图来表示，则如图 4-2 所示：

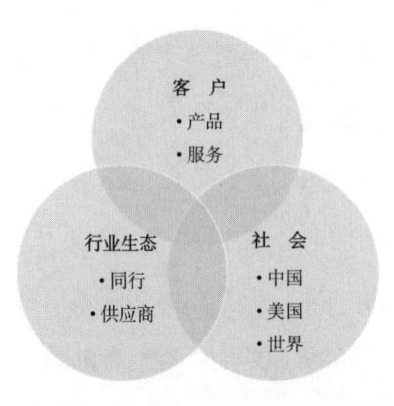

客 户
· 产品
· 服务

行业生态
· 同行
· 供应商

社 会
· 中国
· 美国
· 世界

图 4-2　华为对外管理领域

而在保证今后的发展方面，我们同样可以提炼出三个相互交叉的管理领域，如果用图来表示，则如图 4-3 所示：

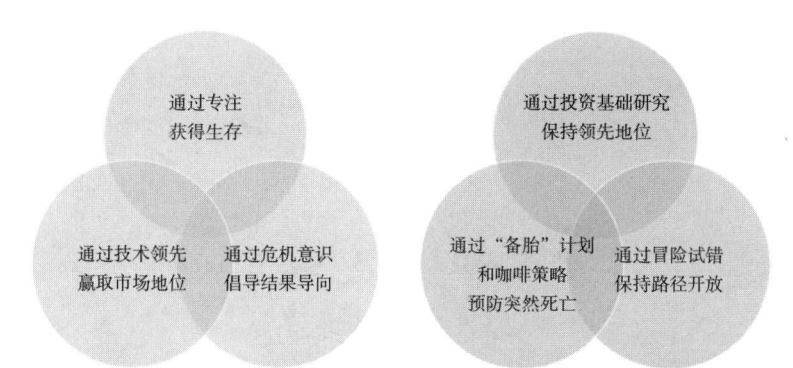

图 4-3 华为"今天 – 明天"管理领域

图 4-1~图 4-3，从"对内 – 对外"和"今天 – 明天"两个维度，集成了华为在管理中的主要管理领域，如果把它们置入四个相互依存、相互交叉、相互渗透的模块中，则分别是管理效率、合作服务、专注生存、投资命运。把它们汇总到一张图中，则如图 4-4 所示：

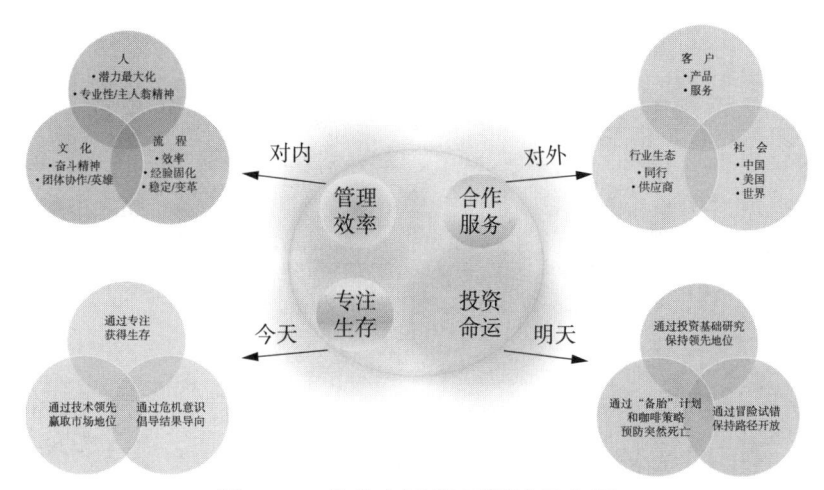

图 4-4 华为主要管理领域示意图

如果把任正非的管理哲学模块、方法论及世界观模块加进去，我们就完成了对任正非哲学的重构所形成的总体结构图（如图 4-5 所示）：

194 | 认知赋能

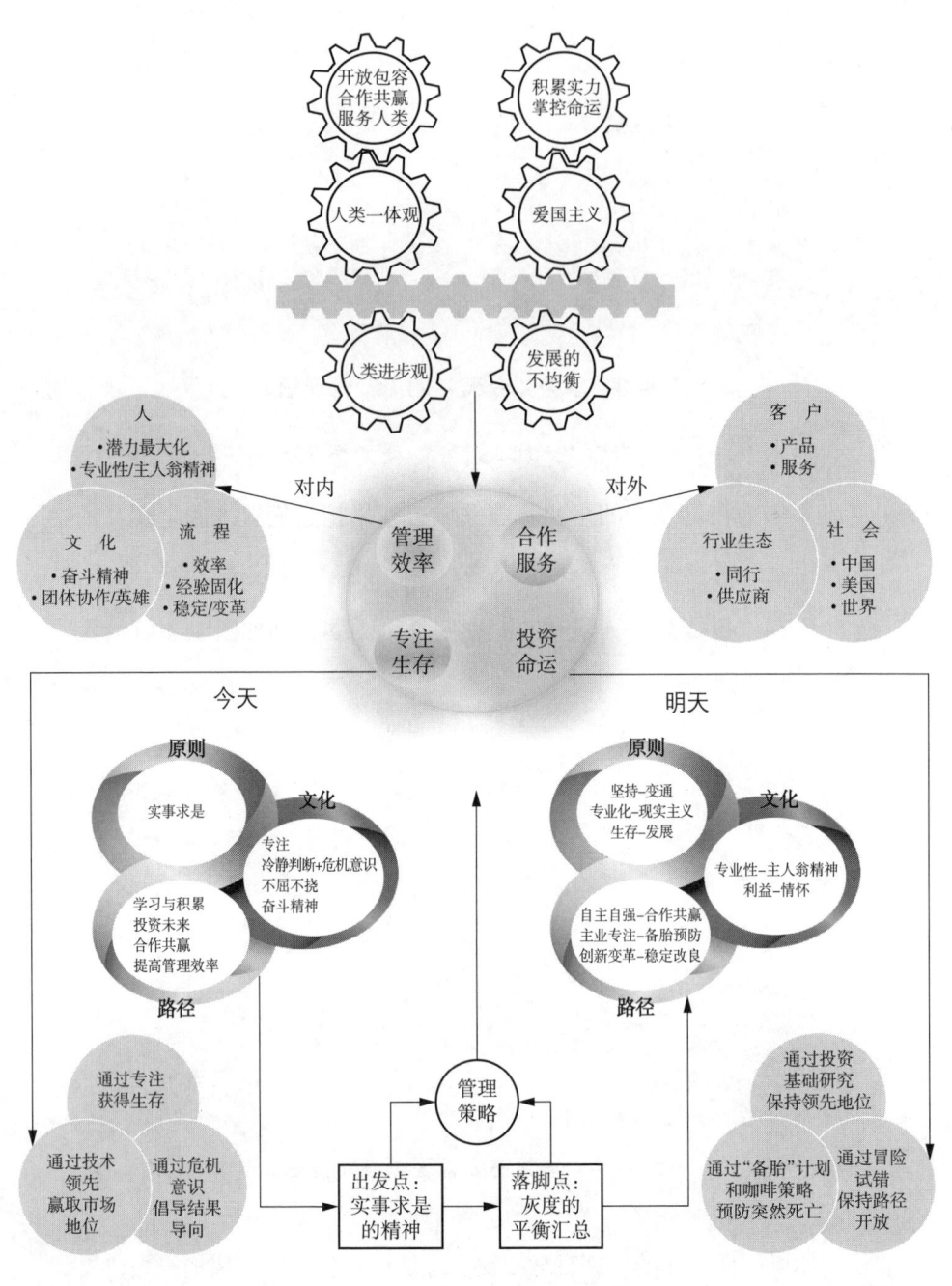

图 4-5 任正非哲学总体结构

02 华为现状

对华为来说，过去几年来最大的外部压力，就是来自美国的打压，并从打压逐步加码到全面围堵。2019 年 5 月 15 日，美国总统特朗普通过了针对华为的"国家安全命令"，我们一般把这一天作为美国政府公开并正式打压华为的日期，但事实上，美国从更早以前，便开始对华为进行打压，只不过并非以国家政策和联邦行政命令的方式进行而已。

2008 年，因为未能通过 CFIUS 的审查，华为牵头的对 3Com 的联合收购未能如愿，这或许是美国动用非商业因素遏制华为的起点；同年，由于 NSA 的干预，对 AT&T 的 4G 设备销售被人为中断；2010 年，因美国商务部的干预，对 Sprint 的 4G 设备销售被迫中断；同年，因并购对象担心 CFIUS 审查及潜在否决，针对 2Wire 和摩托罗拉无线业务的收购被迫终止；2011 年，对 3Leaf 云计算技术的专利购买在交易达成后被 CFIUS 叫停……

然而，自2018年开始，这种打压开始加速进行，并以特朗普签署针对华为的国家安全命令为标志，自那以后，围堵华为在事实上成为美国的国家意志。

从某种意义上，我们可以说，美国针对华为的全面围堵和遏制，反映的是美国在商业和科技领域针对中国的全面围堵和遏制。这场围堵与反围堵、遏制与反遏制的波澜壮阔的角力还在进行中，并逐步走向纵深领域。我们期望全球领袖能够体现出足够的智慧，基于对人类整体观、体制多样性、妥协与包容的共识，发现或建设一条和平共处、共同发展的道路。

那么，华为在上述源于美国、波及全球的围堵和遏制之下，表现如何呢？目前处于什么样的状态呢？

最好的答案，或许就体现在华为的财务报告[①]中（详见表4-1、表4-2、表4-3、表4-4、图4-8）。

表4-1 华为五年财务概要

	2022年		2021年	2020年	2019年	2018年
	（美元：百万元）	（人民币：百万元）	（人民币：百万元）			
销售收入	92 379	642 338	636 807	891 368	858 833	721 202
营业利润	6 071	42 216	121 412	72.501	77 835	73 287
营业利润率	6.6%	6.6%	19.1%	8.1%	9.1%	10.2%
净利润	5 114	35 562	113 718	64 649	62 656	59 345
经营活动现金流	2 560	17 797	59 670	35 218	91 384	74 659

① 资料来源：《华为投资控股有限公司2022年年度报告》。

续表

	2022 年	2021 年	2020 年	2019 年	2018 年
	（美元：百万元）	（人民币：百万元）	（人民币：百万元）		
现金与短期投资	53 709	373 452	416.334	357 366	371 040	265 857
运营资本	49 608	344 938	376 923	299 062	257 638	170 864
总资产	152 993	1 063 804	982 971	876 854	858 661	665 792
总借款	28 353	197 144	175 100	141 811	112 162	69 941
所有者权益	62 859	437 076	414 652	330 408	295 537	233 065
资产负债率	58.9%	58.9%	57.8%	62.3%	65.6%	65.0%

表 4-2 华为 2021—2022 年资产负债总览

（人民币：百万元）	2022 年 12 月 31 日	2021 年 12 月 31 日	同比变动
非流动资产	289 008	213 593	35.3%
流动资产	774 796	769 378	0.7%
资产合计	1 063 804	982 971	8.2%
其中：现金与短期投资	373 452	416 334	10.3%
应收账款	87 177	72 242	20.7%
合同资产	52 527	52 544	0.0%
存货及其他合同成本	163 282	161 306	1.2%
非流动负债	196 870	175 864	11.9%
其中：长期借款	183 183	162 276	12.9%
流动负债	429 858	392 455	9.5%
其中：短期借款	13 961	12 824	8.9%
应付账款	85 272	81 694	4.4%
合同负债	87 575	78 149	12.1%
所有者权益	437 076	414 652	5.4%
负债与所有者权益合计	1 063 804	982 971	8.2%

表 4-3　华为 2021—2022 年利润总览

（人民币：百万元）	2022 年	2021 年	同比变动
销售收入	642 338	636 807	0.9%
销售毛利	281 925	307 442	8.3%
－销售毛利率	43.9%	48.3%	4.4%
期间费用	271 279	246 827	9.9%
－期间费用率	42.2%	38.8%	3.4%
其他净收支	31 570	60 797	48.1%
营业利润	42 216	121 412	65.2%
－营业利润率	6.6%	19.1%	12.5%
净财务收入	1 018	493	106.5%
所得税	8 384	8 227	1.9%
净利润	35 562	113 718	68.7%

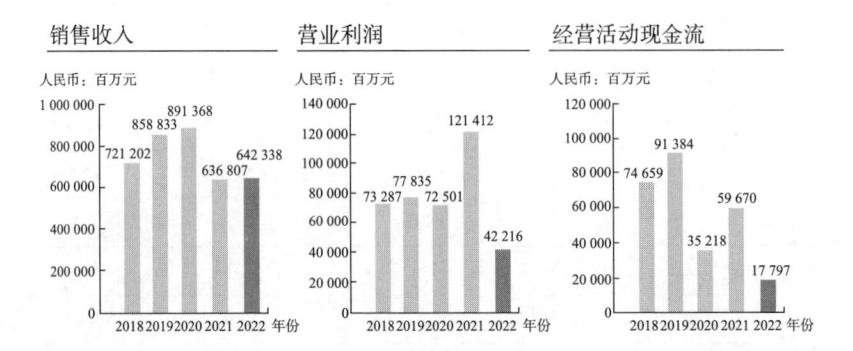

销售收入（人民币：百万元）
2018: 721 202　2019: 858 833　2020: 891 368　2021: 636 807　2022: 642 338

营业利润（人民币：百万元）
2018: 73 287　2019: 77 835　2020: 72 501　2021: 121 412　2022: 42 216

经营活动现金流（人民币：百万元）
2018: 74 659　2019: 91 384　2020: 35 218　2021: 59 670　2022: 17 797

图 4-8　华为 2018—2022 年收入、利润、现金流趋势图表

表 4-4　华为 2021—2022 年研发费用总览

（人民币：百万元）	2022 年	2021 年	同比变动
研发费用	161 494	142 666	13.2%
－研发费用率	25.1%	22.4%	2.7%
销售和管理费用	109 785	104 161	5.4%
－销售和管理费用率	17.1%	16.4%	0.7%
期间费用合计	271 279	246 827	9.9%
－期间费用率	42.2%	38.8%	3.4%

从上述财务数字中，我们可以观察到以下几点信息：

销售额方面：

1. 2020 年，华为顶住了压力，在 2019 年本就辉煌的增长基础之上，再次增长，但增幅大幅下滑。

2. 2021 年的销售额大幅下降，降幅达 28.6%。其中运营商业务收入达 2815 亿元，在总收入中占比 44.2%，同比下降 7%；企业业务收入达 1024 亿元，在总收入中占比 16.1%，同比增幅 2.1%；消费者业务收入达 2434 亿元，在总收入中占比 38.2%，同比下降 49.6%。

3. 2022 年销售额停止下探，但终端业务持续萎缩，反映出 5G 手机缺位带来的结构性困局。

4. 销售额的下降主要源于消费者业务，这说明先进制程对手机等消费电子产品影响太大，而先进制程的核心就是芯片代工，这是决定华为生死存亡的大事，因为这块业务是华为基础研究和技术及产品研发投入的保证。

5. 华为的营收规模已触底反弹，不会对华为的生死构成威胁。

利润额方面：

1. 2021年，华为的营业利润达1214亿元，同比暴增67.5%，创历史新高。但是，当年净利润增长主要来源于其他净收支，即华为对荣耀品牌的出售。出售荣耀是分期支付，2021年进项大约为600亿元。如果去掉这一项后，华为2021年的净利润和净利润率就会大打折扣。

2. 2022年，华为的营业利润为422亿元，与2021年相比，下滑约2/3。如果因2021年有出售资产项目而略过不计，对比2018年，其利润额仍有巨大跌幅。显然这是以手机为主力的终端业务下滑所致，高端手机的缺位，导致利润额的急剧下降。归根到底，比起ICT领域的企业客户，消费者的钱不仅好赚得多，而且利润率也高得多。

3. 华为要么通过内部研发重新夺回高端手机市场份额，要么就必须通过其他终端业务或其他领域业务（如数字能源）来弥补高端手机曾经创造的利润，否则其高比例和高额研发投入将难以为继。前一个选项在数年之内难见曙光，留给华为的选项目前仅剩扩大其他终端业务及其他领域业务这一条道路。

利润率方面：

1. 2021年，华为的销售毛利率从36.7%增长到48.3%；营业利润率从8.1%增至19.1%。

2. 2021 年，华为销售毛利率的增长，主要来源于产品结构的变化，即在被切断先进制程供应后，华为过去突击采购的芯片存货，主要拿来保障高端产品如 Mate X2、Mate 40 系列、P50 系列的供应，毛利自然就会高。同时，华为在软件、IOT、专利授权、费用控制等方面也有所表现。但必须认识到，芯片供应一旦无法保证，这种毛利率上升就只能是一次性的。

3. 2021 年营业利润率增长的主要原因是荣耀品牌的出售。

4. 华为的利润率和利润额，从结构上支撑着华为在研发领域的持续投入水平，它们体现出华为产品被今天市场接受的程度，但却决定了华为产品在明天竞争中胜败的概率。

现金流方面：

1. 2021 年，华为经营性现金流净额为 597 亿元，同比暴增近 70%。虽然没有回到制裁前 960 亿元的水平，但已属难能可贵。

2. 2021 年，华为对外投资超过 1000 亿元，同比暴增 226%。

3. 任正非历来把投资收益当成快钱，认为会干扰公司长期奋斗的耐心和斗志，但处在美国全面制裁的压力下，华为必须强化对产业链中上游的投入，半导体材料、射频芯片、模拟芯片、EDA、三代半导体、CIS 图像传感器、激光雷达等领域都成为华为投资的对象。

4. 2022 年，华为的经营性现金流净额降为 178 亿元，这意味着消费者业务的萎缩，严重削弱了华为创造现金流的能力，对华为的投资、运营，以及决策都形成了结构性的掣肘。

研发投入：

1. 2021年华为研发投入高达1427亿元，同比微增0.5%。鉴于整体营收的降低，研发投入占营收比例暴增至22.4%，再次创历史新高，体现了华为和任正非对科研投入的坚持和对未来的信心。对应到人才数量上，华为2021年研发人员比2020年增加2000人，而非研发人员则减少4000人。

2. 2022年，华为研发投入再次逆势增长，将近1615亿元，同比增长约13.2%，销售占比达到惊人的25.1%。研发人员总数也从2021年的10.7万人增至11.4万人，员工占比从2021年的54.8%进一步增加到55.4%。

华为未来的发展方向，在其财务报告中有完整而全面的陈述，不需要我们进一步解读。在财务报告的第一页，华为就开宗明义地对未来之路进行了总括，并重新梳理了公司的发展方向，这些表述虽未代表对华为历来战略选择的偏离，却体现出华为对自身战略认识的进一步深化、对战略路径的进一步明晰化，以及对华为在相关领域自身定位的进一步精确化：

- 共建数字经济底座，使能千行百业。
- 使能绿色发展，科技守护自然。
- 坚守安全可信，与各利益方共建网络安全与隐私保护能力。
- 推动数字人才培养，跨越数字鸿沟。
- 与世界开放合作，共同探索未来。

华为轮值董事长徐直军把2023年定义为"华为生存与发展的

关键之年",并把上述战略分解为如下几点管理目标：

第一，积极使能各行各业数字化、智能化、绿色化，开创增长机会。

第二，优化产业组合，提升发展韧性。

第三，加强芯、软、硬、端、网、云协同，构筑差异化优势。

第四，以质取胜，持续让华为成为 ICT 行业高质量代名词。

第五，压强式研发投入，确保高质量的业务连续，提升产品竞争力。

华为历来重视智能化，尤其在 2022 年财务报告中，更是体现出华为对智能化的空前重视。为此，华为提出迈向智能世界的十大理论与技术突破方向：

1. 定义 5.5G，支撑未来千亿规模的多样性连接。

2. 在纳米尺度上驾驭光，实现光纤容量指数级增长。

3. 走向产业互联，必须优化网络协议。

4. 通用算力远远跟不上智能世界的需求，必须打造超级算力。

5. 从海量多模态的数据中高效提取知识，实现行业 AI 的关键突破。

6. 突破约翰·冯·诺依曼限制，构建百倍密度增长的新型存储。

7. 将计算与感知结合，实现多模交互的超现实体验。

8. 构筑下一代云原生 2.0 架构，加速消除数字技术鸿沟。

9. 通过连续性的健康监测实现主动健康管理。

10. 构建智慧能源互联网，实现绿色发电、绿色储电和绿色用电。

基于对华为的总体研究，参考其2022年财务报告，我们对华为目前状态的判断，以及对其未来几年的预测，可总结为以下几点：

1. 华为面临的挑战是巨大的，但华为的生存能力毋庸置疑。

2. 华为业务总量（销售额）将从2023年触底反弹，但重回其原有市场地位或需要5年以上的努力。

3. 信息与通信技术（ICT）、消费者业务（CBG）、数字能源、华为云在未来几年将成为华为的四大业务群组，其中的数字能源或许能异军突起，构成和ICT、CBG一样的另一业务支柱。而智能化则会成为贯穿华为各业务群组的共同逻辑、共同出发点及共同落脚点。

4. 华为将加大对行业中上游的投资，加强对华为云、HI、AI、平板、车机、自动驾驶、物联网终端、人物链接终端、可穿戴设备、跨界智慧化业务合作（港口、煤矿、交通、绿色能源、油气）等业务的拓展。

5. 华为的生死考验在于其利润额和利润率，两者决定了华为在研发领域的持续投入能力，而在研发领域的持续投入能力，则是华为维持并强化其在ICT领域全球领导地位的保证。

6. 目前，能迅速扭转华为利润额和利润率下降趋势的核心，在于华为是否能拥有稳定且有保证的先进制程芯片供应，这是华为的生死大劫。此劫不过，将会动摇华为向基础研究和技术及产品研发的投入机制，从而导致华为从 ICT 全球领先的地位，逐步下滑到平庸和灭亡；渡过此劫，华为便能展翅高飞，天高任远。目前在国家和企业层面，都有一些好消息，不确定的只是在先进制程的自主供应领域，包括华为在内的中国企业，何时能跨越那道分水岭，即在芯片制造领域，我们是追赶者还是领先者的分水岭。

7. 从中长期（5~10 年）来说，能重塑华为利润额结构的，在于其他终端业务和其他业务群组，例如数字能源。华为近期不造车的决策，既维护了华为对核心业务的专注，也排除了华为为了生存而无限应用其能力的机会主义可能。

8. 除非中美之间实现战略和解，否则华为面临的困难和挑战将是中长期的（5~10 年）。

9. 华为不会倒下，但或许需要 5 年以上才能恢复其原有的市场地位，而参考指标将包括充足的现金流、业界领先的利润率，以及可持续供给的研发投入。

03 对任正非哲学的评价

任正非哲学的特点,大致可总结为以下四点:

第一,复杂,但路数一致。复杂,说的是任正非哲学来源的多样性、深度的多层次性,以及应用中各种程度妥协所产生的不一致性;路数一致,说的是它们在世界观和方法论上的一致性。

第二,多变,但不离其宗。在现代企业管理中所有可以触及的概念,所有可以出现的管理思想、手段、技巧,所有在当代社会能够想象得到的价值观,都曾出现在任正非的头脑中、政策中、谈话中,形成了一个巨大的概念池子。在不同时期、不同环境中,面对不同听众,针对不同问题,任正非通过选择性地使用这个池子中的素材,来完成他的具体目标,传递他在特定时空内形成的信息和想法。我们通过对这个池子中的素材,进行合并、分类、解构,并对解构后的素材,按照其不同层次加以重构,就可以发现它们并没有脱离任正非基本的世界观和方法论。表面上和执行中所显现出来的多样性，并没有脱离其世界观和方法论层面的稳定性和一致性。

第三，深刻，但适可而止。深刻，说的是任正非哲学思想，尤其是其世界观和方法论，在长达几十年的时间内，并没有大的改变，反证了这些思想对人类心理尤其是人类组织运营规律的深刻洞察。没有这种深刻洞察，就无法维持其思想在整体上跨越时代的适用性和鲁棒性。适可而止，说的是任正非从没有兴趣对这些思想在学术上、逻辑上、结构上的严谨性、自洽性、完整性进行论证、辩解、加工，更不曾试图把它们打造成某种体系。和他同时代的部分具有世界性影响的企业家，比如乔布斯、稻盛和夫、杰克·韦尔奇等，都曾主动或协助独立研究者总结过自己的经验和智慧，来构造出某些涉及当代企业管理，尤其是对人的管理的体系或模板。而在这方面，任正非总是沉默的，他甚至体现出一种对独立研究者做出此等努力的排斥、回避或对抗。作为一个实干家，任正非在其哲学思想领域，也贯彻了实事求是精神和基于这种精神的实用主义。

第四，有效，但难以复制。有效，因为华为的成就很大程度上来源于对任正非哲学的实践。即使华为在未来遭遇失败甚至灭亡，仍然无法否认它从创始以来所取得的巨大成功。难以复制，说的是这些哲学，即使把它们剖析得一清二楚，正如本书尝试做的这样，哪怕经过任正非本人的修订和确认，也难以被他人用来复制类似的成功。一是因为这些成功的公式并没有在人类的管理思想外另辟蹊径，而只是对不同素材的特定组合运用，更是因为对这些素材的特定组合运用，并不构成成功的充分条件。在无法掌控的运气因素之外，任正非在其生命进程和事业奋斗中，每时每刻依托于其哲学思想基础的无数思考和决策，每一个单独看上去，或许都对总的进程无关痛痒，但它们汇总起来形成的路径，就连任正非本人也无法保证可以复制。

我们相信，如果一切从1987年重来一次，任正非再次创造今天这种局面的概率，会比绝大多数人赢取同样成就的可能性要高出很多。主要原因，就在于任正非哲学的这四个特点吧。

附录 1 ▶ 任正非语录出处

[1] 1994年1月26日，任正非与市场培训人员座谈讲话记录。

[2] 1995年12月26日，任正非在年度总结大会上的讲话。

[3] 1995年，任正非在上海电话信息技术和业务管理研讨会上的致词。

[4] 1998年，华为内部长文《华为的红旗到底能打多久》。

[5] 1999年2月8日，任正非在创业与创新反思总结交流会上的讲话。

[6] 1999年4月17日，任正非在IPD动员大会上的讲话。

[7] 2000年1月14日，任正非与身处逆境的员工对话录。

[8] 2000年7月17日，任正非与2000-22期学员交流纪要。

[9] 2000年，华内内部长文《创新是华为发展的不竭动力》。

[10] 2000年，华内内部长文《华为的机会与挑战》。

[11] 2000年，任正非与HAY公司高级顾问Vicky Wright的谈话摘选。

[12] 2001年3月，任正非访问日本归来后发表在《华为人》上的《北国之春》。

[13] 2001年，任正非在科以上干部大会上发表的讲话，这篇讲话后来被命名为《华为的冬天》。

[14] 2003年5月25日，任正非在干部管理培训班上的讲话。

[15] 2003年5月26日，任正非在PERB产品路标规划评审会议上的讲话。

[16] 2003年，任正非在华为研委会会议、市场三季度例会上的讲话。

[17] 2004年4月28日，任正非在"广东学习论坛"第十六期报告会上的讲话。

[18] 2005年，任正非在EMT办公例会上的讲话。

[19] 2006年12月18日，任正非在国家某大型项目论证会上的讲话。

[20] 2006年5月10日，任正非欢迎李一男团队回归华为的讲话。

[21] 2008年7月1日，任正非在市场部年中大会上的讲话。

[22] 2008年7月21日，任正非在地区部向EMT进行2008年年中述职会议上的讲话。

[23] 2008年9月22日，任正非在中央平台研发部表彰大会上的讲话。

[24] 2008年9月2日，任正非在核心网产品线表彰大会上的讲话。

[25] 2008年，任正非在华为优秀党员座谈会上的讲话。

[26] 2009年10月26日，任正非与后备干部总队CFO班座谈纪要。

[27] 2009年1月15日，任正非在2009年全球市场工作会议上的讲话。

[28] 2010年12月3日，任正非与终端骨干员工座谈会议纪要。

［29］ 2010年，任正非在PSST体系干部大会上的讲话。

［30］ 2011年12月25日，华文内部长文《为轮值CEO鸣锣开道》。

［31］ 2011年1月17日，任正非在公司市场大会上的讲话。

［32］ 2012年7月12日，任正非在华为"2012诺亚方舟实验室"专家座谈会上的讲话。

［33］ 2012年，任正非在三亚终端战略务虚会上的讲话。

［34］ 2013年10月19日，任正非在公司2013年度干部工作会议上的讲话。

［35］ 2013年11月25日，任正非接受法国媒体联合采访实录。

［36］ 2013年3月30日，任正非在持股员工代表大会上的讲话。

［37］ 2013年5月17日，任正非在片联开工会上的讲话。

［38］ 2014年11月6日，任正非在四季度区域总裁会议上的讲话。

［39］ 2014年1月5日，任正非在成研所业务汇报会议上的讲话。

［40］ 2014年6月16日，任正非在"蓝血十杰"表彰会上的讲话及记者提问环节记录。

［41］ 2014年6月19日，任正非在IT存储产品线业务汇报会上的讲话。

［42］ 2015年10月31日，任正非在产品投资策略审视汇报会上的讲话。

［43］ 2015年11月25日，任正非接受法国媒体采访纪录。

［44］ 2015年12月18日，任正非接受彭剑锋专访纪要。

［45］ 2015年1月22日，任正非在冬季达沃斯论坛接受BBC记者采访实录。

［46］2015年1月9日，任正非在运营商BG营销装备建设思路汇报会上的讲话。

［47］2015年9月6日，任正非接受"福布斯中文网"记者杨林的采访内容实录。

［48］2016年10月28日，任正非在"出征·磨砺·赢未来"研发将士出征大会上的讲话。

［49］2016年1月13日，任正非在市场工作大会上的讲话。

［50］2016年2月27日，任正非在巴展和乌兰克的谈话要点。

［51］2016年3月5日，任正非接受新华社专访记录。

［52］2016年5月30日，任正非在全国科技创新大会上的发言。

［53］2017年10月，任正非在蒙特利尔大学校长座谈会上的讲话。

［54］2017年10月，任正非在多伦多大学校长座谈会上的讲话。

［55］2017年10月，任正非在加拿大滑铁卢大学校长座谈会上的讲话。

［56］2017年10月，任正非在加拿大与员工座谈纪录。

［57］2017年1月25日，任正非在2017年市场工作大会上的讲话。

［58］2018年10月17日，任正非在上研所5G业务汇报会上的讲话。

［59］2018年11月，任正非会见索尼CEO吉田宪一郎的会谈纪要。

［60］2018年6月5日，任正非在剑桥和伊普斯维奇研究所座谈纪要。

［61］2019年11月6日，任正非接受彭博社采访实录。

[62] 2019年11月，任正非接受美联社采访纪录。

[63] 2019年1月15日，任正非与国际媒体圆桌会实录。

[64] 2019年2月18日，任正非接受BBC采访实录。

[65] 2019年3月29日，任正非在电信软件改革表彰大会上以"寂寞英雄是伟大的英雄"为主题的讲话。

[66] 2019年4月13日，任正非接受CNBC采访实录。

[67] 2019年5月18日，任正非接受日本媒体和学者采访实录。

[68] 2019年5月20日，任正非接受德国电视一台纪录片采访实录。

[69] 2019年5月21日，任正非接受中央电视台专访实录。

[70] 2019年5月21日，任正非与中国媒体圆桌会议实录。

[71] 2019年5月24日，任正非接受彭博电视采访实录。

[72] 2019年6月17日，任正非和美国学者咖啡对话实录。

[73] 2019年6月18日，任正非接受法国《观点》周刊采访实录。

[74] 2019年6月19日，任正非接受美国CNBC采访实录。

[75] 2019年6月24日，任正非接受《金融时报》采访实录。

[76] 2019年7月17日，任正非接受美国《雅虎财经》采访实录。

[77] 2019年7月18日，任正非与意大利媒体圆桌会实录。

[78] 2019年7月23日，任正非接受BBC纪录片采访实录。

[79] 2019年8月15日，任正非接受英国天空新闻台采访实录。

[80] 2019年8月20日，任正非接受美联社采访实录。

学习华为系列课程

让华为精神为企事业单位赋能，打造卓越团队

走进华为亲身体验、置身华为实地考察、权威专家深入剖析、学习华为管理真经

- **课程内容**

深度了解华为发展历程：30多年来，华为经历了多个阶段，面临了不同的挑战，逐步经历从小到大、从本土到国际化，从不规范到规范、从规范到科学的过程。

实地参观华为现场：参观华为松山湖基地，了解华为工作环境，体验华为工作餐，全方位深刻认识这家世界500强企业。

洞悉任正非商业哲学：任正非并非神，而是从一个普通人成长起来的，他卓越的管理思想是如何形成的，到底如何引导华为稳健成长？

- **授课形式**

通过线上线下的系列课程、走访华为等优秀企业，深入到企业辅导，引进华为前高管改组、提升原有团队等方式，提供切实可行的服务，让企业在观念上改变，在组织上改进，在执行上落地，在绩效上出彩，进而从优秀走向卓越，成为行业冠军。

- **课程特点**

精于实操：采用行动学习、场景化学习、启发式互动教学，突出实用技巧和方法，案例分析，分组讨论与练习，有针对性的实战训练。

激发学习主动性：结合受训企业实际实施教学，达到预期培训效果。

寓教于乐：授课幽默风趣，逻辑严谨，内容丰富，深入浅出，立足实战，深受学员欢迎。

- **学习对象**

企业创始人、企业高级经营决策者、华为研究爱好者等

- **行程安排**

时间	内容	备注
8:10-10:30	驱车前往华为松山湖基地	车上交流、巴士课堂
11:00-11:30	乘坐电瓶车参观华为东莞松山湖欧洲小镇	华为专业接待人员
11:30-11:50	乘坐园区小火车，体验华为人上班路	华为专业接待人员
12:00-14:00	华为内部餐厅用餐，体验华为人的生活	
14:00-16:00	华为课程，深入了解华为文化与任正非的商业哲学	华为前高管、华为研究专家

注：因华为接待工作繁重，以上行程可能因华为接待原因调整。

立即添加以下任意一个微信为好友进群，抽取免费参访华为名额：

24小时服务热线（微信）：15013869070　18122490069

图书策划出版服务

2003年，我们策划出版了第一本有关华为的图书《华为真相》，该书成为2004年度的畅销书，热销100万册。

此后，我们先后策划出版了《华为经营管理慧》《任正非谈国际化经营》《任正非管理日志》《只有一个华为》《华为三十年》等26种华为题材的书。今后，我们每年都会出版几种华为题材的图书。

我们受百度公司邀请，创作记录百度成长历程的图书，出版了《李彦宏的百度世界》《李彦宏管理日志》等。2022年，我们还受有中国广告第一股之称的广东省广告公司（省广股份）的邀请，创作出版了《共生飘红》。

我们有专业的内容策划、写作、出版、发行、推广团队，提供从图书策划、采访、写作、编辑、排版、设计、出版、发行、推广一条龙服务。我们已经服务近百家著名企业，得到客户的广泛好评，期待为您服务。

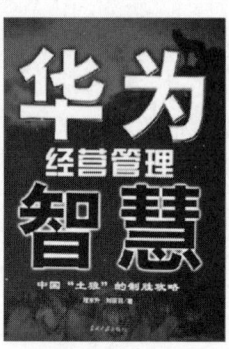

立即预约：

24小时服务热线（微信）：15013869070　18122490069